普通高等教育"十三五"规划教材
应用型本科院校财会专业教改系列

财务管理实验

主　编　黄华梅

立信会计出版社

图书在版编目(CIP)数据

财务管理实验 / 黄华梅编著. —上海：立信会计出版社，2016.5(2024.8重印)

普通高等教育"十三五"规划教材 应用型本科院校财会专业教改系列

ISBN 978－7－5429－5048－2

Ⅰ.①财… Ⅱ.①黄… Ⅲ.①财务管理—实验—高等学校—教材 Ⅳ.①F275－33

中国版本图书馆CIP数据核字(2016)第117258号

策划编辑	蔡伟莉
责任编辑	孙 勇
封面设计	南房间

财务管理实验
CAIWU GUANLI SHIYAN

出版发行	立信会计出版社			
地　　址	上海市中山西路2230号	邮政编码	200235	
电　　话	(021)64411389	传　真	(021)64411325	
网　　址	www.lixinaph.com	电子邮箱	lixinaph2019@126.com	
网上书店	http://lixin.jd.com	http://lxkjcbs.tmall.com		
经　　销	各地新华书店			
印　　刷	上海万卷印刷股份有限公司			
开　　本	787毫米×1092毫米 1/16			
印　　张	11			
字　　数	264千字			
版　　次	2016年5月第1版			
印　　次	2024年8月第3次			
书　　号	ISBN 978－7－5429－5048－2/F			
定　　价	25.00元			

如有印订差错，请与本社联系调换

总 序

自20世纪末期开始,我国高等教育步入大众化教育发展阶段。当前,我国已建成了世界上最大规模的高等教育体系。随着经济发展进入新常态,经济结构深刻调整、产业升级步伐加快、社会文化建设不断进步,党中央、国务院适时作出了引导本科院校向应用型高校转变,推动高等院校转型发展的重大战略部署,以便为生产服务一线培养出大量的、急需的高层次应用型人才。

广东金融学院创建于1950年,是一所省属公办普通本科院校。近年来,学校以"建成国内知名的应用型金融品牌大学"为发展目标,坚持"面向金融、面向地方、面向需求"的办学思路,秉承"金融为根、育人为本、应用为先、创新为范"的办学理念,不断提高办学质量,在人才培养、科学研究、社会服务等方面履行大学职能和社会责任,赢得了良好的社会声誉。

广东金融学院会计系创立于1993年。伴随我国会计市场化、国际化改革进程,以及我国会计规则体系的不断完善,会计系获得了"跨越式、可持续"的高速发展。20余年来,会计系始终立足于"培养高层次应用型会计人才",在会计学科建设、专业建设、人才培养模式、师资队伍建设、课程建设等方面进行了积极探索,取得了可喜的成就。

教材是体现教学内容和教学方法的知识载体,是组织教学的基本工具,也是深入教学改革,提高教学质量的重要保证。教材建设是专业建设、课程建设的基本要素,也是教师教学、科研水平及其成果的重要反映。我们推出的"应用型本科院校财会专业教改系列"教材,即是会计系近年来教材建设成果及应用型人才培养教改成果的集中体现。

"应用型本科院校财会专业教改系列"教材建设的指导思想及目标定位是:

(1) 坚持和服务于应用型本科会计人才的培养定位。应用型本科会计人才,是能够将会计学专业知识和技能应用于会计工作实践的高级专门人才。应用型本科院校教材建设,始终要坚持以社会人才需求为导向,坚持以本科层次的学科教育为依托,以应用型专业教育为基础,服务于高层次应用型会计人才的培养目标。

(2) 坚持"突出基础、突出应用、突出技能、突出特色"来构造教材体系和教材内容。在理论知识上,以保证系统性为前提,突出基础知识,以"应知应会"为度;在体例结构上,强化业务举例、知识链接、习题练习、实训案例等应用技能要素。以期打造出"在基础理论上弱于研究型本科、在知识体系上强于高职高专",符合应用型本科层次会计人才培养定位的专业教材。

(3) 坚持"系统性",兼顾"可行性"和"开放性"。坚持"系统性",我们全面推出了财会专业的系列核心课教材、选修课教材及部分实验课教材;坚持"可行性",现在组织编写的教材均具备一定的历史积累,主编均具有本门教材的编写经历或具有本门课程长期的执教经历;坚持"开放性",对暂时不成熟的课程,将进行持续积累建设,陆续推出。

(4) 坚持、发挥金融行业特色和优势。我校有几十年金融行业办学的历史积累和优势,在金融企业会计教学和课程建设中,已形成自己的特色和优势。在本系列教材中,组织推出了《银行会计》《非银行金融企业会计》《银行财务管理》三套金融行业特色专业教材。

本系列教材的推出,首先得益于我们拥有的一支"双师型、双强型"专业师资团队。会计系现有19名教授、20名副教授、22名博士,教授和博士的全面参与,构成了系列教材建设的中坚力量。本系列教材的推出,也得益于会计系在"十一五""十二五"期间积累和取得的一系列教学成果。过去的10年间,会计系会计学专业、财务管理专业取得省级质量工程立项建设,会计学基础、会计信息系统、银行会计获得省精品课程立项建设;会计系在国家级教学实验中心建设、国家级教学实习基地建设,在人才培养模式创新,在校企协同培养班等方面取得的教学成果,均为推出本系列教材提供了基本的支撑和保证。

本系列教材的推出,凝结着全体参编人员的辛勤付出和智慧,也得到立信会计出版社同仁的大力协作和支持。同时我们深知,随着财会体制变革的不断深化,加之编写人员的水平所限,教材的不足和错误之处在所难免,恳请读者不吝赐教,多提宝贵意见,以便我们继续修订完善,不断提升本系列教材建设的质量和水平。

本书所附习题答案可致电 021 - 64411362 索取。

岳　龙

前　言

随着市场经济的不断发展和资本市场的不断完善,管理者们越来越意识到财务管理的重要性。当前企业决策人员和管理人员正在以财务管理为中心搞好企业管理,去解决企业发展和市场竞争中面临的一系列问题。高等学校的经济管理类专业普遍以财务管理为主要课程之一,并不断充实和完善这门课程的教学。然而,在手工条件下,要运用现代管理方法常常会遇到许多困难,或者是不了解如何建立财务模型,或者是建立了财务模型,由于计算分析工作量大、计算分析方法复杂,财务管理人员不免望而却步。在当今信息时代,计算机技术被运用于财务管理,为财务管理发挥更大的作用开辟了广阔道路,这也是一个国家财务管理现代化的重要标志。如何根据企业经营环境的变迁建立各种决策模型支持动态决策,则是财务管理理论工作和实务工作所面临的迫切任务。

彼得·德鲁克曾经说过:"管理是一门实践,其本质不在于'知',而在于'行',其验证性不在于逻辑,更在于成果。"当前,在中国高等教育变革转型时期,积极探索、拓展有效的案例教学、实践教学模式已成为各高等院校培养应用型人才的重要途径。

微软公司推出的 Excel、VBA 等软件,已被国内外财务管理人员公认为强有力的信息分析与决策支持软件工具。《财务管理实验》以现代财务管理理论为依据,将当今财务人员普遍采用的软件工具与国际通用的财务管理理论有机融合,系统地阐述了在 Excel 环境中建立筹资决策模型、投资决策模型、运营资本最优决策模型、销售预测及财务分析等模型的设计方法、技术和动态决策的思路,为提高企业管理人员的创造性思维能力、建模能力及定量和定性分析相结合的科学决策能力奠定基础。这是一本适合于各财经、管理类应用型本科学生综合实验课程的教材,本书不过多地关注理论分析及正规的数理推导证明,而是通过针对实际例子的具体分析与对于实现这种建模分析的操作方法的详细说明来实现对案例的探讨。注重"应用性""可操作性"和"综合性"是本书编写体例的特色。全书共分为 8 章,共 20 个实验,每个实验又分为 5 项内容:实验目的、实验原理、实验材料、实验步骤与实验结果、课外实训与练习,体现了实验教学与理论知识的结合与贯通。

本书可作为高等院校经济类专业开设"财务管理实验"课程的教材,也可作为各类经济管理人员的培训教材。为了方便实验教学,本书还配有实验演示视频、实验模板、实验结果材料、练习答案、题库,方便广大教师和学生配合教材使用。课上,教师可以组织学生讨论,利用模型解决实践中的管理问题;课后,学生可以根据企业财务管理的具体问题建立模型。

感谢编写本书所参考的相关论著和教材的作者。感谢立信会计出版社编辑对本书出版付出的辛勤劳动。本书所做的是一项实践教学改革的尝试性工作,一定存在不足之处。恳请使用本书的广大读者提出宝贵的意见和建议,为完成能基本满足财务管理实践性教学需要的实验教程的目的而继续努力。

黄华梅

本书配套实验模板可登陆以下网址下载：
http：//www.lixinaph.com/default.php?mod＝article&do＝detail&tid＝1179

目　录

第一章　财务管理的价值观念 ·· 1
　　实验一　货币时间价值 ·· 1
　　实验二　风险与报酬 ·· 8

第二章　证券估价 ·· 17
　　实验三　债券估价 ·· 17
　　实验四　股票估价 ·· 23

第三章　财务预测与全面预算 ·· 28
　　实验五　销售预测 ·· 28
　　实验六　资金需要量预测 ·· 36
　　实验七　全面预算 ·· 42

第四章　长期筹资管理 ·· 59
　　实验八　筹资方式的选择 ·· 59
　　实验九　资本成本 ·· 68
　　实验十　筹资决策风险分析 ·· 76
　　实验十一　资本结构决策 ·· 82

第五章　长期投资管理 ·· 90
　　实验十二　债券投资 ·· 90
　　实验十三　投资项目决策 ·· 95
　　实验十四　投资项目风险分析 ·· 109

第六章　营运资本管理 ·· 117
　　实验十五　现金管理 ·· 117
　　实验十六　应收账款管理 ·· 124
　　实验十七　存货管理 ·· 130

第七章　资本收益分配管理 …………………………………………………… 140
实验十八　股利政策的选择 ………………………………………………… 140

第八章　财务分析与危机预警 ………………………………………………… 146
实验十九　财务分析 ………………………………………………………… 146
实验二十　财务危机预警 …………………………………………………… 163

第一章
财务管理的价值观念

实验一 货币时间价值

企业的财务活动是在特定的时空中进行的。离开了时间价值因素,就无法正确计算不同时期的财务收支,也无法正确评价企业盈亏。货币时间价值原理正确地提示了在不同时点上资金之间的换算关系,是财务决策的基本依据。

通常认为货币的时间价值是扣除风险与通货膨胀贴水后的真实报酬率。即货币在使用过程中,经历一定时间的投资和再投资所发生的增值。货币的时间价值既可以用绝对数表示,又可以用相对数表示,用相对数表示更具有实用性,且一般采用复利来计算。

一、实验目的

理解货币时间价值的概念;
掌握 FV、PV、PMT、$NPER$、$RATE$、$EFFECT$、$NOMINAL$ 等财务函数的使用;
掌握复利终值、复利现值、年金终值和年金现值的计算并据此选出最优方案。

二、实验原理

(一) 资金时间价值的公式

1. 复利终值

终值是指当前的一笔资金在经过若干期的使用后,所获得的包括本金和利息在内的未来价值。复利终值的计算公式为:

$$FV = PV \times (1+r)^n = PV \times (F/A, r, n)$$

式中:FV——复利终值;
PV——复利现值;
r——年利率;
n——计息期数。

2. 复利现值

现值是指未来年份收到或支付的现金在当期的价格。由终值求现值,称为折现,折现时使用的利息率称为折现率。复利现值的计算公式为:

$$PV = \frac{FV}{(1+R)^n} = FV \times (P/F, r, n)$$

3. 年金的终值和现值

年金是指一定时期内每期相等金额的收付款项。折旧、利息、租金等均表现为年金的形式。按年金的支付方式,可分为后付年金、先付年金、递延年金和永续年金。

(1) 后付年金终值的计算公式为:

$$FV = A \times \frac{(1+r)^n - 1}{r} = A \times (F/A, r, n)$$

(2) 后付年金现值的计算公式为:

$$PV = A \times \frac{1-(1+r)^{-n}}{r} = A \times (P/A, r, n)$$

(3) 先付年金终值的计算公式为:

$$FV = A \times (F/A, r, n) \times (1+r) = A \times [(F/A, r, n+1) - 1]$$

(4) 先付年金现值的计算公式为:

$$PV = A \times (P/A, r, n) \times (1+r) = A \times [(P/A, r, n-1) + 1]$$

(5) 递延年金现值。

递延年金是最初若干期没有收付款项,后面若干期有等额的系列收付款项的年金。其现值的大小与递延期的长短有关,计算公式如下:

$$\begin{aligned} PV &= A \times (P/A, r, n) \times (P/F, r, m) \\ &= A \times (P/A, r, m+n) - (P/A, r, m) \end{aligned}$$

式中: n——有收付的期间;

m——递延期(无收付的期间)。

(6) 永续年金现值的计算公式为:

$$PV = \frac{A}{r}$$

4. 名义利率(APR)与有效利率(EAR)

通常将以年为基础计算的利率称为名义利率,将名义利率按不同计息期调整后的利率称为有效利率(effective annual rate)。若1年复利次数为 m 次,名义利率为 r_{nom},则有效利率为:

$$EAR = \left(1 + \frac{r_{nom}}{m}\right)^m - 1$$

(二) 相关财务函数

Excel 提供的财务函数可以方便地计算资金时间价值,在 Excel2010 版本中,各函数语法对所需要的参数都有提供解释,方便使用者正确地选择相关数据。此次实验需要的财务函数如下:

1. 终值函数 FV( )

功能:基于固定利率及等额分期付款方式,返回某项投资的未来值。

语法:FV(rate, nper, pmt, pv, type)。

参数:rate——折现利率;

nper——折现总期数;

pmt——各期收支的金额(payment)。省略时默认为值为零;

pv——现值。不输时默认为零,与 pmt 不能均为空;

type——数值为 0 或忽略,各期收支在期末;数值为 1,收支为期初。

2. 现值函数 PV( )

功能:返回现金流的现值。

语法:PV(rate, nper, pmt, fv, type)。

3. 年金函数 PMT( )

功能:基于固定利率,返回每期等额收支额,即年金。

语法:PMT(rate, nper, pv, fv, type)。

4. 期数函数 NPER( )

功能:基于固定利率,返回某项投资的总期数。

语法:NPER(rate, pmt, pv, fv, type)。

5. 利率函数 RATE( )

功能:返回各期利率。RATE 通过迭代法计算得出,可能无解或多个解。若 20 次迭代计算后,函数 RATE 的相邻两次结果没有收敛于 0.000 000 1,函数将返回错误值♯NUM!。

语法:RATE(nper, pmt, pv, fv, type, guess)。

参数:guess 是对利率的估计数。如果 guess 被省略,将假设它是 10%。如果 RATE 函数无法收敛,需使用不同的 guess 估计数再试一次。

6. 名义利率函数 NOMINAL( )

功能:基于给定的有效年利率和年复利期数,返回名义利率。

语法:NOMINAL(effect_rate, npery)。

参数:effect_rate——有效利率;

npery——每年的复利计算期数。

7. 实际利率函数( )

功能:利用给定的名义利率和一年中的复利期数,计算有效年利率。

语法:EFFECT(nominal_rate, npery)。

三、实验材料

天河公司遇到以下需要计算资金时间价值的事项:

(1) 8 年后需从银行取出 1 000 000 元用于购买设备,现在应存入银行多少现金?

(2) 若公司现在存入银行 3 000 000 元,6 年后可以取出多少钱?

(3) 为保证债务的偿还,公司每年年末在银行存入 10 000 元,10 年后可一次取出多少钱用于偿还债务?

(4) 公司为保证今后 10 年中每年年初都能从银行取出 400 000 元用于投资,那么现在公司应一次性存入银行多少钱?

(5) 公司准备存入银行一笔钱,希望能够在第 10 年至第 20 年年末,每年等额从银行取出 50 000 元用于研发,那么现在应当一次性存入银行多少钱?

(6) 公司现在准备购买一份基金 10 000 元,预计以后 10 年内每年能拿到 1 600 元利息,请判断是否值得购买此份基金?

要求:若折现率为 8%,按复利计算。

若天河公司将钱存在银行,名义存款利率为 6%,请分别按年、半年、季、月、周和日估算企业不同复利次数的有效存款利率。若天河公司买的一笔保险实际年收益率为 10.25%,年付息次数为 20 次,则年名义收益率为多少?

四、实验步骤与实验结果

(一) 资金时间价值的计算

创建"货币时间价值"工作表,并在相应的单元格中输入已知数据,如表 1-2 中已知部分所示。

参考表 1-1 所示的公式或函数,利用相关函数在单元格中进行计算。

表 1-1　　　　　　　　　　工 作 表

单元格	公式或函数	单元格	公式或函数
E5	=PV(B1,B5,,−F5)	F6	=FV(B1,B6,,−E6)
F7	=FV(B1,B7,−D7)	E8	=PV(B1,B8,−D8,,1)
E9	=PV(B1,B9,−D9)−PV(B1,C9,−D9)	E10	=PV(B1,C9,,−PV(B1,B9−C9,−D9))
E11	=PV(B1,B11,−D11)	D12	=PMT(B1,B11,−E12)
G13	=RATE(B11,−D13,E13)	B14	=NPER(B1,D14,−E14)

注意:对某个主体来讲,收入和付出现金的流入流出方向相反,因而为了得到习惯上的正的结果,当另一现金流量与所要求的现金流量方向相反时,可在函数中将"−"号放于该现金流量前来表示相反方向,或在整个函数前加"−"号。

实验结果如表 1-2 所示。

表 1-2　　　　　　　　　实验结果表

	A	B	C	D	E	F	G
1	折现率	8.00%					
2							
3				终值、现值计算			

(续表)

	A	B	C	D	E	F	G
4		期限	递延期	年金(元)	现值(元)	终值(元)	报酬率
5	1. 复利现值	8			540 268.88	1 000 000	
6	2. 复利终值	6			3 000 000	4 760 622.97	
7	3. 年金终值	10		10 000		144 865.62	
8	4. 先付年金现值	10		400 000	2 898 755.16		
9	5. 递延年金现值(法1)	20	9	50 000	178 562.97		
10	递延年金现值(法2)				178 562.97		
11	6. 年金现值	10		1 600	10 736.13		
12	年金			1 490.29	10 000		—
13	报酬率			1 600	10 000		9.61%
14	报酬期	9.01		1 600	10 000		—

实验结果分析：

(1) 天河公司 8 年后需从银行取出 1 000 000 元用于购买设备,现在应存入银行 540 268.88 元现金。

(2) 公司现在存入银行 3 000 000 元,6 年后的可以取出 4 760 622.97 元现金。

(3) 公司每年年末在银行存入 10 000 元,10 年后可一次取出 144 865.62 元。

(4) 公司一次存 2 898 755.16 元,以后 10 年中每年年初都能从银行取出 400 000 元。

(5) 公司存入银行 178 562.97 元,以后在第 10 年至第 20 年年末每年能等额从银行取出 50 000 元用于研发。

(6) 公司现在准备购买一份基金 10 000 元,预计以后 10 年内每年能拿到 1 600 元利息,判断是否购买基金的方法有 4 种：

方法 1：未来收益的折现值之和为 10 736.13 元,大于购买成本 10 000,划算,应购买；

方法 2：为收回成本,每年的收益至少为 1 490.29 元,小于实际收益 1 600 元,应购买；

方法 3：若购此基金,其实际投资报酬率为 9.61%,大于折现率 8%,应购买；

方法 4：每年收益 1 600 元时,至少 9.01 年可以收回成本,小于 10 年,划算,应购买。

(二) 名义利率与实际利率

新建"名义利率与实际利率"工作表,并在表中录入已知数据。

参考表 1-3 所示的公式或函数,在相应的单元格里进行计算。

表 1-3　　　　　　　　　　　　　　工　作　表

单元格	公式或函数	单元格	公式或函数
C3:C8	{=B1/B3:B8}(数组公式)	D3:D8	{=POWER((1+C3:C8),B3:B8)−1}
E3	=EFFECT($B$1,B3)	E4	=EFFECT($B$1,B4)
E5	=EFFECT($B$1,B5)	E6	=EFFECT($B$1,B6)
E7	=EFFECT($B$1,B7)	E8	=EFFECT($B$1,B8)
C10	=NOMINAL(D10,B10)		

C3:C8 单元格由于公式相同,可以使用数组一次求出结果,使用数组时,首先全选 C3:C8 单元格区域,然后在公式编辑栏中输入公式=B1/B3:B8,确定时不能直接按回车键,数组回车的方式是同时按住 ctrl + shift + enter 3 个键,默认 enter 键先放开,再放开 ctrl 和 shift 键。公式外面会自动添加一对{ },表示用数组求出的结果。

E4:E8 单元格公式相似,个别变量发生变化,可以采用拖拉复制公式的方式,先在 E4 单元格中输入公式=EFFECT(B1,B4),将光标放于公式中 B1,按一次 F4,则 B1 会被加上完全引用符号,变成＄B＄1,确定返回。等鼠标在 E4 单元格右下角变为黑色"＋"形时,向下拖拉至 E8 单元格止。

计算结果如表 1-4 所示。

表 1-4　　　　　　　　　　计算结果表

	A	B	C	D	E
1	名义年利率	6%			
2	频率	m	R_{nom}/m	EAR(公式法)	EAR(函数法)
3	按年计算	1	6.00%	6.00%	6.00%
4	按半年计算	2	3.00%	6.09%	6.09%
5	按季计算	4	1.50%	6.14%	6.14%
6	按月计算	12	0.50%	6.17%	6.17%
7	按周计算	52	0.12%	6.18%	6.18%
8	按日计算	365	0.02%	6.18%	6.18%
9					
10	付款期数	20	10%	10.25%	

结果分析:若银行是按半年、季等一年多次付息给天河公司,则天河公司所获得的实际收益率大于合约中约定的名义利率 6%。保险公司一年付息 20 次,天河公司实际获得的收益率为 10.25% 时,名义年利率为 10%。

五、模拟实训与练习

(1) 某公司需用一台设备,买价为 9 000 元,可用 8 年。如果租用,则每年年初需付租金 1 500 元。假设利率为 8%。

要求:试决定企业应租用还是购买设备。

(2) 若银行利率为 6%,小李现在准备买一份保险 6 000 元,预计以后 20 年每年能拿到 500 元保险金,请判断是否值得购买此份保险?

(3) 张先生准备购买一套新房,开发商提供了两种付款方案让张先生选择:

A 方案,从第 4 年年末开始支付,每年年末支付 20 万元,一共支付 8 年。

B 方案,按揭买房,每年年初支付 15 万元,一共支付 10 年。

假设银行利率为 5%,请问张先生应该选择哪种方案。

(4) 某公司需用一台设备,买价为 18 000 元,使用寿命为 10 年,如果租入,则每年年末需支付租金 2 200 元,除此之外,其他情况相同,假设利率为 8%,试说明该公司购买设备好还是租用设备好?

(5) 小李准备 5 年后出国自费留学,所需费用为 200 000 元,他准备每年年末存入银行一笔等额款项,假设每年年利率为 6% 复利,问他每年应存入多少钱?

(6) 张博士是成功海归人士,国内某领域的知名专家,某日接到一家上市公司的邀请函,邀请他作为公司的技术顾问,指导开发新产品。邀请函的具体条件如下:

每个月来公司指导工作 1 天;

每年聘金 20 万元;

提供公司所在城市住房 1 套,价值 100 万元;

在公司至少工作 6 年。

张博士对以上工作待遇很感兴趣,对公司开发的新产品也很有研究,决定接受邀请。但他不想接受住房,因为每月仅到公司工作一天,住公司招待所就可以了。因此他向公司提出,能否将提供住房改为发住房补贴。公司研究了张博士的请求,决定可以在今后 6 年里每年年初支付张博士 25 万元补贴。

收到公司的通知后,张博士又犹豫起来,因为如果接受住房,可以将其出售,扣除售价 5% 的契税和手续费,他可以获得 95 万元的现金;而若接受补贴,则每年年初可获得 25 万元。假设每年存款利率为 3%,张博士应该如何选择?

如果张博士本身是一家企业的业主,其资金的投资回报率为 32%,他又该如何选择呢?

要求:请以专业人士的身份,帮张博士计算哪个方案更合适。

(7) 李女士打算在一个长途汽车站的十字路口开一家餐馆,于是找到十字路口的一家小卖部,提出要求承租该小卖部 3 年。小卖部的业主洪先生因小卖部受附近超市的影响,生意清淡,也愿意清盘让李女士开餐馆,但提出李女士应一次支付 3 年的使用费 30 000 元。李女士觉得现在一次拿 30 000 元比较困难,因此请求能否缓期支付。洪先生同意 3 年后支付,但金额为 50 000 元。

若银行的贷款利率为 5%,问李女士 3 年后付款是否合算?

假定洪先生要求李女士不是 3 年后一次支付,而是 3 年中每年年末支付 12 000 元,那么李女士是现在一次付清还是分 3 次付清更为合算?假定银行的贷款利率仍为 5%。

实验二 风险与报酬

资金时间价值是假设没有风险和通货膨胀时,资金投资所创造的价值增值。实务中,投资项目多多少少会面临各种风险,有公司特别风险,也有如经济危机、战争、通货膨胀等市场风险。针对单一项目的投资,理性的投资者在相同风险下会选择收益更高的项目;在收益相同时,会选择风险更小的项目投资;若收益与风险均不相同,则会比较相对数标准离差率,判断每获得1%的回报承担了多大的风险来对项目进行选择。当多种证券组合投资时,随着组合的数量越多,组合的风险主要由协方差来决定,公司的个别风险可以被分散掉。即一项资产的预期报酬率取决于它的系统风险,度量系统性风险的指标是 β 系数,该值越高,该组合所要求的风险报酬就越高。

一、实验目的

(1) 掌握单项资产风险与报酬的计算。
(2) 掌握协方差及多项资产组合的风险与报酬的计算。
(3) 理解 β 系数的定义。
(4) 掌握公式复制的方法及与风险与报酬计算相关的函数的运用方法。

二、实验原理

(一) 单项资产的风险与报酬

(1) 单项资产平均收益率的计算公式:

$$\bar{R} = \sum_{i=1}^{n} R_i P_i$$

(2) 单项资产风险衡量的标准差及标准离差率(离散系数)公式分别如下:

$$\sigma = \sqrt{\sum_{i=1}^{n}(K_i - \bar{K})^2 \times P_i}$$

$$CV = \frac{\sigma}{\bar{R}}$$

(二) 组合资产的风险与报酬

(1) 证券组合的平均收益公式:

$$\bar{r} = \sum_{i=1}^{n} W_i \times r_i \quad \text{或} \quad \bar{r} = \frac{\sum r_i}{n}$$

(2) 协方差的计算公式可以根据未来的概率计算得出,或根据历史数据来求,如下所示:

$$COV(r_1, r_2) = \sum_{i=1}^{n}[r_{1i} - E(r_1)][r_{2i} - E(r_2)]P_i$$

或：
$$COV(r_1, r_2) = \frac{\sum[r_{1i} - E(r_1)][r_{2i} - E(r_2)]}{n-1}$$

(3) 投资组合的方差公式：

$$\sigma_p^2 = \sum_{i=1}^{n}\sum_{j=1}^{n}W_i W_j \sigma_{ij}$$

(三) 资本资产定价模型(CAPM)

(1) 投资组合 β 系数的计算公式：

$$\beta_p = \sum_{i=1}^{n}X_i \beta_i$$

(2) 资本资产定价模型公式：

$$K_p = R_f + \beta_p \times (K_m - R_f)$$

式中：K_p——是某个组合所要求的最低必要报酬率；

R_f——无风险回报率，通常用国库券收益率表示；

β_p——投资组合的风险系数；

K_m——市场组合的平均收益率。

(四) 有关函数

1. SUMPRODUCT( )函数

功能：在给定的几组数组中，将数组间对应的元素相乘，并返回乘积之和。

语法：SUMPRODUCT(array1，array2，array3，⋯)。

其中，array1，array2，array3，⋯为 2～255 个数组，其相应元素需要进行相乘并求和。

2. POWER( )函数

功能：返回给定数字的乘幂。

语法：POWER(number，power)。

3. SQRT( )函数

功能：返回正平方根。

语法：SQRT(number)。

4. AVERAGE( )函数

功能：返回参数的算术平均值。

语法：AVERAGE(number1，number2)。

5. VAR( )函数

功能：估算基于给定样本的方差。

语法：VAR(number1，number2⋯)。

6. COVARIANCE.S( )函数

功能：返回样本协方差，即两组数值中每对变量的偏差乘积的平均值。

语法：COVARIANCE.S(array1，array2)。

三、实验材料

天河公司准备投资开发甲新产品，现有 A、B 两个方案可供选择，经预测 A、B 两个方案的预期报酬率如表 2-1 所示：

表 2-1　　　　　　　　　　A、B 方案预期报酬率

市场状况	概　率	预期年报酬率	
		A 方案	B 方案
繁荣	0.3	30%	40%
一般	0.5	15%	15%
衰退	0.2	−5%	−15%

要求：(1) 计算 A、B 两个方案的预期报酬率的期望值；

(2) 计算 A、B 两个方案预期报酬率的标准离差和标准离差率；

(3) 假设无风险收益率为 10%，与甲新产品风险基本相同的乙产品的投资报酬率为 22%，标准离差率为 70%。计算 A、B 两个方案的预期报酬率并做出选择。

假设天河公司在股票 W 和 M 的投资总额为 1 000 万元，且各占一半，两支股票的报酬率见表 2-2。（带＊号的题，非财务管理专业可选做，全书其他章节同）。

要求：(1) 求出 W、M 股票的平均收益、标准差；

(2) 求出组合后的平均收益、协方差、相关系数。

表 2-2　　　　　　　　　　W、M 股票的历年收益率情况表

年　度	W 的实际报酬率（K_w）	M 的实际报酬率（K_m）
2010	20%	−5%
2011	10%	30%
2012	15%	5%
2013	−5%	20%
2014	10%	15%

若美的电器某年 1—12 月的收盘价及深证成指收盘价如表 2-3 所示，以深证成指代表市场组合，计算各期收益率及美的电器的 β 系数。

表 2-3　　　　　　　　　　美的电器与深证成指收益率表（20××年 1—12 月）

日　期	深证成指收盘价	美的收盘价
上年 12 月 31 日	17 700.31	24.440 0
1 月 31 日	15 857.71	26.610 0
2 月 28 日	15 823.88	28.320 0
3 月 31 日	13 302.14	20.870 0
4 月 30 日	3 504.89	22.030 0

（续表）

日期	深证成指收盘价	美的收盘价
5月31日	12 048.24	17.120 0
6月30日	9 370.78	11.950 0
7月31日	9 470.33	12.040 0
8月31日	8 004.24	9.010 0
9月30日	7 559.27	10.730 0
10月31日	5 839.33	6.900 0
11月30日	6 658.51	8.250 0
12月31日	6 485.51	8.280 0

已知股票的平均收益率为15%，无风险收益率为10%，某公司有一项投资组合，组合中有4种股票，其比重分别为10%，20%，40%，30%，其β系数分别为0.8，1，1.2，1.6。

要求：(1) 计算投资组合的β系数及组合预期收益率；

(2) 计算各股票的必要收益率，并根据各股票的收益求出组合的预期收益率。

四、实验步骤与实验结果

（一）单项资产的风险和报酬

(1) 建立"单项资产的风险和报酬"工作表，并在相应的单元格中输入已知数据，如表2-5已知数据部分所示。

(2) 在工作表中输入相关的公式或函数进行计算，如表2-4所示。由于C11、D11等单元格所使用的公式一样，因此可以用"$"绝对引用符号固定住行或列后，用拖拉的方法来复制公式；也可以用数组来一次完成公式的复制。

数组公式主要是用于建立可以产生多个结果或对可以存放在行和列中的一组参数进行运算的单个公式。数组公式的特点就是可以执行多重计算，它返回的是一组数据结果。数组执行后的公式或函数两边被大括号括起。数组公式的回车方式是同时按住"Ctrl、Shift、enter"3个键。

表2-4　　　　　　　　　各计算公式或函数表

单元格	公式或函数
C9	=SUMPRODUCT($B$3:$B$5,C3:C5)
D9	=SUMPRODUCT($B$3:$B$5,D3:D5)
C10	=SUMPRODUCT($B$3:$B$5,(C3:C5−C9)^2)
D10	=SUMPRODUCT($B$3:$B$5,(D3:D5−D9)^2)
C11；D11	{=SQRT(C10:D10)}
C12；D12	{=C11:D11/C9:D9} 或 =C11/C9
C16；D16	{=B7+B15×C12:D12}
B15	=(B13−B7)/B14

（3）实验结果如表 2-5 所示。

表 2-5　　　　　　　　　　　实 验 结 果 表

	A	B	C	D
1	风险报酬计算表			
2	活动情况	概率	A 方案	B 方案
3	繁荣	30%	30%	40%
4	正常	50%	15%	15%
5	衰退	20%	−5%	−15%
6	合计	100%		
7	无风险收益率(%)		10%	
8	风险报酬计算			
9	预期报酬率(%)		15.50%	16.50%
10	方差		1.47%	3.65%
11	标准差		12.13%	19.11%
12	变化系数		78.29%	115.83%
13	乙产品收益率	22%		
14	乙产品标准离差率	70%		
15	风险报酬系数	0.17		
16	必要收益率		23.42%	29.86%

结果分析：同收益情况下，A 方案的变化系数更低，意味着其风险更低，因此应选择 A 方案投资。按同业标准估出的风险报酬系数，两个方案所要求的最低收益率分别为 23.42% 和 29.86%，均大于两个方案所带来的预期报酬率，因此不能投资。

（二）组合的协方差与相关系数*

（1）打开风险与报酬工作簿，新建工作表"组合的协方差与相关系数"，并在相应单元格中输入已知数据，如表 2-7 所示。

（2）参考表 2-6 所示的公式或函数，在相应单元格中进行计算。

表 2-6　　　　　　　　　　　工　作　表

单元格	公式或函数	单元格	公式或函数
D4	=B4×$B$1+C4×(1−$B$1)	D5	=B5×$B$1+C5×(1−$B$1)
D6	=B6×$B$1+C6×(1−$B$1)	D7	=B7×$B$1+C7×(1−$B$1)
D8	=B8×$B$1+C8×(1−$B$1)	B9	=AVERAGE(B4:B8)
C9	=AVERAGE(C4:C8)	D9	=AVERAGE(D4:D8)
B10	=SQRT(VAR(B4:B8))	C10	=SQRT(VAR(C4:C8))
D10	=SQRT(VAR(E5:E9))	D11	=COVARIANCE.S(B4:B8,C4:C8)
D12	=CORREL(B4:B8,C4:C8)		

(3) 实验结果如表 2-7 所示。

表 2-7　　　　　　　　　　　　　实 验 结 果 表

	A	B	C	D
1	组合比率	50%		
2		组合的协方差与相关系数计算表		
3	年度	W 的实际报酬率(K_w)	M 的实际报酬率(K_m)	组合的平均报酬率
4	2010	40%	28%	34.0%
5	2011	−10%	20%	5.0%
6	2012	35%	41%	38.0%
7	2013	−5%	−17%	−11.0%
8	2014	15%	3%	9.0%
9	平均收益率	15%	15%	15.0%
10	标准差 σ	22.6%	22.6%	20.6%
11	组合的协方差 σ_{wm}			3.40%
12	相关系数 ρ			0.67

结果分析：从表 2-7 的结果看，W、M 两支股票组合后收益不变，风险被分散了一部分。从协方差看，两支股票变动的方向相同，相关系数为 0.67。

(三) β 系数的计算*

(1) 在实验二"风险与收益"工作簿中建立新的工作表"β 系数的计算"。并在相应的单元格中输入已知数据，如表 2-9 中的已知数部分所示。

(2) 在相关单元格中输入公式，求出美的的收益率及深证成指的收益率，如表 2-9 所示。选中 D2:E15 的区域，点击【插入】菜单，选择【散点图】，选中图形中的散点，右键，选择【添加趋势线】，勾选【显示公式】和【显示 R 的平方值】。生成的图形如图 2-1 所示。

表 2-8　　　　　　　　　　　　　工 　作　 表

单元格	公式或函数
D4:D15	{=(B4:B15−B3:B14)/B3:B14}
E4:E15	{=(C4:C15−C3:C14)/C3:C14}

(3) 实验结果如表 2-9 所示。

表 2-9　　　　　　　　　　　　　实 验 结 果 表

	A	B	C	D	E
1		美的电器与深证成指收益率(20××年 1—12 月)			
2	日期	深证成指收盘价	美的收盘价	深证成指收益率 r_m	美的收益率 r_j
3	上年 12 月 31 日	17 700.31	24.44		
4	1 月 31 日	15 857.71	26.61	−10.41%	8.88%
5	2 月 28 日	15 823.88	28.32	−0.21%	6.43%

（续表）

	A	B	C	D	E
6	3月31日	13 302.14	20.87	−15.94%	−26.31%
7	4月30日	13 504.89	22.03	1.52%	5.56%
8	5月31日	12 048.24	17.12	−10.79%	−22.29%
9	6月30日	9 370.78	11.95	−22.22%	−30.20%
10	7月31日	9 470.33	12.04	1.06%	0.75%
11	8月31日	8 004.24	9.01	−15.48%	−25.17%
12	9月30日	7 559.27	10.73	−5.56%	19.09%
13	10月31日	5 839.33	6.9	−22.75%	−35.69%
14	11月30日	6 658.51	8.25	14.03%	19.57%
15	12月31日	6 485.51	8.28	−2.60%	0.36%

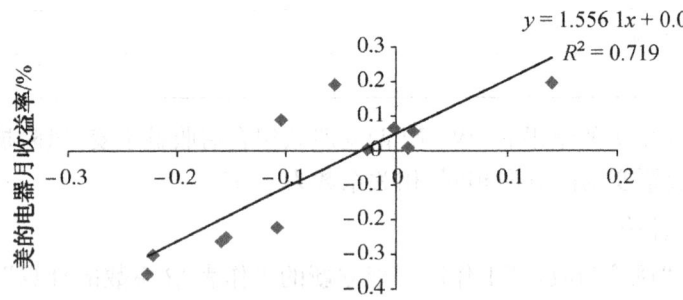

图 2-1　美的电器对深证成指回归线

结果分析：回归线的斜率＝1.556 1，这是美的电器当年12个月月收益率的 β 系数，它表明如果市场平均收益率上升10%时，美的电器的收益率下降15.561%。R^2＝0.719，表明美的电器的股票有71.9%的风险来自于市场风险，余下的28.1%的风险来自于公司特别风险，在CAPM中是不能获得相应补偿的。

（四）组合的风险与报酬

（1）在"风险和收益"工作簿中建立一个新的工作表格"组合的风险与报酬"，并在相应的单元格中输入已知数据。如表 2-11 所示。

（2）参考表 2-10 所示的公式或函数，在相应的单元格里进行计算。

表 2-10　　　　　　　　　　工　作　表

单元格	公式或函数	单元格	公式或函数
C10	=SUMPRODUCT(B6:B9,C6:C9)	C11	=B2+C10×(B3−B2)
D14:D17	{=B2+B14:B17×(B3−B2)}	D18	=SUMPRODUCT(C14:C17,D14:D17)

（3）实验结果，如表 2-11 所示。

表 2-11　　　　　　　　　　　实 验 结 果 表

	A	B	C	D
1	股票投资收益预测			
2	无风险收益率	10%		
3	市场平均收益率	15%		
4	利用投资组合的β系数计算			
5	股票	β值	持股比例	
6	STOCK-1	0.8	10%	
7	STOCK-2	1	20%	
8	STOCK-3	1.2	40%	
9	STOCK-4	1.6	30%	
10	投资组合的β值		1.24	
11	投资组合的预期报酬率		16.20%	
12	利用个股预期报酬率加权计算			
13	股票	β值	持股比例	个股收益
14	STOCK-1	0.8	10%	14%
15	STOCK-2	1	20%	15%
16	STOCK-3	1.2	40%	16%
17	STOCK-4	1.6	30%	18%
18	投资组合的预期收益率			16.20%

五、模拟实训与练习

假定一家共同基金,10 年平均收益率为 14%,β 值为 1.4。在同一时期内,标准普尔 500 指数增长了 12%,国库券平均收益率为 5%。这个共同基金的管理者可能会宣称它以每年 2% 的差幅击败了市场指数。如果资本资产定价模型确实能够有效地描述风险与收益的关系,你相信共同基金的业绩好于市场走势吗?

如表 2-12 所示,有 4 种证券预期的概率分布,请用函数求出各种证券的预期收益率、标准差及两两组合后的协方差和相关系数。

表 2-12　　　　　　　　　4 种证券预期收益率概率分布

概率	预期收益率分布			
	A	B	C	D
0.1	10%	6%	14%	2%
0.2	10%	8%	12%	6%
0.4	10%	10%	10%	9%
0.2	10%	12%	8%	15%
0.1	10%	14%	6%	20%

根据工商银行和美的电器两家公司股票2014年7月～2015年6月各月的收盘价,计算的月收益率均值、协方差、相关系数。

表2-14　　工商银行和美的电器股票月收益率、标准差表(2014年7—2015年6月)

	A	B	C
1	日　　期	收益率	
2		工商银行	美的电器
3	2014-7-31	2.09%	0.76%
4	2014-8-29	−2.66%	−25.19%
5	2014-9-26	−11.76%	19.13%
6	2014-10-31	−16.90%	−35.68%
7	2014-11-28	6.02%	19.56%
8	2014-12-31	−7.57%	0.37%
9	2015-1-23	3.22%	0.73%
10	2015-2-27	1.98%	17.51%
11	2015-3-31	5.56%	5.34%
12	2015-4-30	3.95%	30.24%
13	2015-5-27	6.08%	0.37%
14	2015-6-30	29.36%	6.72%

选取两家上市公司,下载其近60个月的月收益(注意调整股利政策),制成Excel表格。

(1) 根据表格导出其月收益率、月收益率的方差和标准差;

(2) 计算两只股票月收益率的相关系数;

(3) 计算每两只股票(假设投资比重相同)形成的投资组合的标准差;

(4) 根据线性回归模型计算公司股票的 β 值,市场指数与选取公司所在的证券市场有关。

根据上述计算结果,说明不同行业股票的投资组合和同一行业股票投资组合的结果有何差异?哪一种投资组合更能降低风险?影响 β 系数的因素有哪些?

第二章 证券估价

实验三 债券估价

债券是由公司、金融机构或政府发行的,表明发行人对其承担还本付息义务的一种债务性证券,是公司对外进行债务筹资的主要方式之一。作为一种有价证券,其发行者和购买者之间的权利和义务是通过债券契约固定下来的。债券的价值取决于预期创造的现金流的现值的大小。

一、实验目的

能根据债券的发行条件测算债券的发行价格;
能利用模拟运算表观察各因素变化时的债券价格;
掌握利用滚动条建立债券估价动态模型。

二、实验原理

债券未来现金流入的现值,称为债券的价值或债券的内在价值。当其他条件不变时,市场利率或必要报酬率发生变动,即折现率发生变动时,债券的价值发生相反的变动。

1. 到期一次还本付息债券

$$PV = \frac{M \times (1 + n \times i)}{(P/F, r, n)}$$

式中:M——面值;
n——到期时间;
i——票面利率;
r——市场利率或必要报酬率。

2. 按年付息,到期还本债券

$$PV = I \times (P/A, r, n) + M \times (P/F, r, n)$$

式中:I——每年利息。

3. 分期付息，到期还本

$$PV = I \times \left(P/A, \frac{r}{m}, n \times m\right) + M \times \left(P/F, \frac{r}{m}, n \times m\right)$$

式中：m——每年付息的次数。

4. 流通债券的价值

流通债券是指已发行并在二级市场上流通的债券。它们与新发行的债券不同，即已经在市场上流通了一段时间。因此在估价时需要考虑现在至下一次利息支付的时间因素。

三、实验材料

天河公司拟发行企业债券，该债券面值为1 000元，票面利率为10%，每年付息一次，到期还本，8年期。若市场平均投资报酬率为14%，测算该企业债券的发行价格，并观察当利率和期数变化时债券价格的变化。

以上题为例，观察债券发行条件的变化对发行价格的影响，制作动态估价模型。

四、实验步骤与实验结果

（一）债券估价基础模型

（1）建立"债券估价基础表"的新工作表，并在相应的单元格中输入已知数据，如表3-1已知数据部分所示。

表3-1　　　　　　　　实验步骤表

	A	B	C	D	E	F	G	H	I	J
1					债券估价基础					
2					输入值					
3	年票面利率(%)	10%								
4	年平均收益率(%)	14%								
5	每年付息次数(次)	1								
6	时间(年)	8								
7	面值(元)	1 000								
8					输出值					
9	各期贴现率(%)									
10	每期利息(元)									
11					债券估价					
12					利用现金流量计算债券价格					
13	年份		1	2	3	4	5	6	7	8
14	现金流(元)									
15	现金流的现值(元)									
16	债券价格(元)									
17					利用PV函数计算债券价格					
18	债券价格(元)									

(2) 参考表 3-2 所示的公式或函数在工作表中进行计算。

表 3-2 工 作 表

单元格	公式或函数	单元格	公式或函数
B9	＝B4/B5	B10	＝B7×B3/B5
C14:I14	{＝B10}	J14	＝B10＋B7
C15:J15	{＝PV(B9,C13:J13,,－C14:J14)}	B16	＝SUM(C15:J15)
B18	＝PV(B9,B6,－B10,－B7)		

3. 实验结果如表 3-3 所示：

表 3-3 实 验 结 果 表

	A	B	C	D	E	F	G	H	I	J
1					债券估价基础					
2					输入值					
3	年票面利率(%)	10%								
4	年平均收益率(%)	14%								
5	每年付息次数(次)	1								
6	时间(年)	8								
7	面值(元)	1 000								
8					输出值					
9	各期贴现率(%)	14%								
10	每期利息(元)	100								
11					债券估价					
12	利用现金流量计算债券价格									
13	年份		1	2	3	4	5	6	7	8
14	现金流(元)		100	100	100	100	100	100	100	1 100
15	现金流的现值(元)		88	77	67	59	52	46	40	386
16	债券价格(元)	814								
17	利用 PV 函数计算债券价格									
18	债券价格(元)	814								

结果分析：同样是 100 元的利息，随着时间的推移，折现回来的价值越低。天河公司发行债券的内在价值估计为 814 元，发行价格以此价格为标准。

从表 3-3 可以看出，当修改债券时间和每年付息次数时，用 PV 函数计算出来的债券价格也随之发生变化，但若想要在一张表中显示不同折现率和付息次数发生变化时所对应的债券价格，可以使用模拟运算表来完成。

(二)用模拟运算表观察折现率、时间的变化与债券价格的关系

(1) 在"债券估价基础表"里建立债券价格观察表,在 B20 到 J20 中分别输入想观察的折现率,在 A21 至 A25 中分别输入要观测的债券期限,如表 3-4 所示。

表 3-4 工 作 表

	A	B	C	D	E	F	G	H	I	J
20		4.00%	4.5%	5.0%	5.5%	6.0%	6.5%	7.0%	7.5%	8.0%
21	8									
22	9									
23	10									
24	11									
25	12									

(2) 将光标放在 A20 单元格中输入公式:=B18,然后选取 A20:J25 整个表格,依次点击【数据】菜单、【模拟分析】、【模拟运算表】,从弹出的菜单中对【输入引用行的单元格】一项,选择 B9,对【输入引用列的单元格】一项,选择 B6,点击"确定"按钮,如图 3-1 所示。生成的结果如表 3-5 所示。

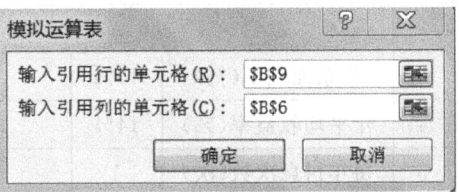

图 3-1

表 3-5 实 验 结 果 表

	A	B	C	D	E	F	G	H	I	J
20	814	4.0%	4.5%	5.0%	5.5%	6.0%	6.5%	7.0%	7.5%	8.0%
21	8	1 404	1 363	1 323	1 285	1 248	1 213	1 179	1 146	1 115
22	9	1 446	1 400	1 355	1 313	1 272	1 233	1 195	1 159	1 125
23	10	1 487	1 435	1 386	1 339	1 294	1 252	1 211	1 172	1 134
24	11	1 526	1 469	1 415	1 364	1 315	1 269	1 225	1 183	1 143
25	12	1 563	1 502	1 443	1 388	1 335	1 286	1 238	1 193	1 151

(三)债券估价动态模型

(1) 新建"债券估价动态模型"工作表,在相应位置输入已知数据,如表 3-7 所示。

单击【开发工具】菜单下的【插入】控件包,在【表单控件】中单击【数值调节钮】。此时光标变成"+"字,从 C3 单元格的左上角拖到右下角,建立一个数值调节钮。C4、C5 也分别各建一个。

在 C3 数值调节钮上点击右键,选择【设置控件格式】,【最小值】设为 1,【最大值】设为 100,【步长】设为 1,【单元格的链接】链接到 C3 单元格。如图 3-2 所示。

C4 单元格里的数值调节钮与 C3 的设置相同,单元格链接到 C4。C5 单元格里的数值调节钮,【最小值】设为 1,【最大值】设为 365,【单元格链接】链接到 C5 单元格。数值调节钮只适合小额增减的数字调节,对于面值,可以用滚动条来快速调节数字大小。

单击【开发工具】菜单下的【插入】控件包,在【表单控件】中单击【滚动条】。此时光标变成"+"字,从C6单元格的左上角拖到右下角,建立一个滚动条。点滚动条上单击右键,选择【设置控件格式】,【最小值】设为0,【最大值】设为1 000,【步长】设为1,【页步长】设为10,【单元格的链接】链接到C6单元格。

(2) 参考表3-6所示的公式或函数,在各单元格中进行计算。

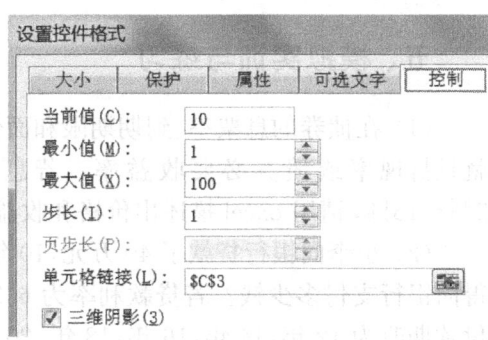

图 3-2

表 3-6　　　　　　　　　　　工 作 表

单元格	公式或函数	单元格	公式或函数
B3	=C3/100	B4	=C4/100
B5	=C5	B6	=1 000+C6
B8	=B4/B5	B9	=B6×B3/B5
B12:K12	{=B11:K11×B5}	B13:K13	{=PV(B8,B12:K12,−B9,−B6)}

(3) 用光标选取A13:K13的区域,点击【插入】菜单,【插入折现图】,选择【二维折线图】中的【带数据标记的折线图】,即生成一张图表。从生成的图表中点击选取横轴的数据,右键,【选择数据】,在【水平(分类)轴标签】处点【编辑】,重新选择水平轴数据为B12:K12,点击"确定"按钮。将生成的图表拖动到合适的位置,或拉动调整大小。如表3-7所示。

表 3-7　　　　　　　　　　实 验 结 果 表

	A	B	C	D	E	F	G	H	I	J	K
1	债券估价动态										
2	输入值										
3	年票面利率	10%									
4	年平均收益率	12%									
5	每年付息次数	1									
6	面值	1 000									
7	输出值										
8	各期贴现率	12%									
9	每期利息	100									
10	动态图输出										
11	到期时间(年)	1	2	3	4	5	6	7	8	9	10
12	付息总次数	1	2	3	4	5	6	7	8	9	10
13	债券价格	982	966	952	939	928	918	909	901	893	887

五、模拟实训与练习

(1) 在债券的息票率、到期期限和面值一定的情况下,决定债券价值(价格)的唯一因素就是折现率或债券必要收益率。若息票率为 8%,期限为 20 年,必要收益率分别为 2%~16%,请用 excel 描述出价格和收益率的曲线关系。

(2) 小李向银行贷款了 40 万元,10 年期,贷款利率为 6%,按月支付。则小李每月至少得向银行支付多少钱?若贷款利率为 6.25%,6.5%,6.75%,7%,7.25%,7.5% 呢?或付款期改为 12 年,14 年,16 年,18 年,20 年呢?请用模拟运算表求出利率与还款期限变化时的月还款额。

(3) ASS 公司 5 年前发行一种面值为 1 000 元的 25 年期债券,息票率为 11%,同类债券目前的收益率为 8%。假设每年付息一次,计算 ASS 公司债券的价值。

实验四 股票估价

公司可以在资本市场上发行股票来筹资,股票是股份公司发给股东的所有权凭证,是股东借以取得股利的一种有价证券,其分为优先股和普通股。优先股的支付义务很像债券,每期支付的股利与债券每期支付的利息类似,因此债券的估值方法也可用于优先股估值。普通股的估值与债券的估值本质上都是未来现金流的折现,但普通股的未来现金流量是不确定的,依赖于公司的股利政策。股票的价格有开盘价、收盘价、最高价和最低价之分,投资人在进行股票估价时主要使用收盘价。

一、实验目的

掌握运用分段股息贴现基本模型估算非固定成长股票内在价值;
掌握分段股息贴现动态模型。

二、实验原理

(一)股票估价基本模型

在现金流量折现法下,评估普通股价值的一般模型如下:

$$P_0 = \sum_{t=1}^{\infty} \frac{D_t}{(1+R_s)^t}$$

式中:D_t——第 t 年的股利;
　　　R_s——折现率,可以是资本成本率或投资的必要报酬率;
　　　t——折现期数。

(二)股利零增长模型

假设未来股利增长率为 0,即每期发放的股利相等,则基本模型可简写为:

$$P_0 = \frac{D}{R_s}$$

该公式主要适用于评估优先股的价值,或市场比较稳定,长期奉行等股利政策的公司。

(三)股利稳定增长模型

稳定增长模型是高登提出的,又叫高登模型。它假设股利支付是永久性的,股利增长率 g 值为一常数,并且折现率大于股利增长率,即 $R_s > g$。简化公式为:

$$P_0 = \frac{D_0 \times (1+g)}{R_s - g} = \frac{D_1}{R_s - g}$$

股利增长率 g 值主要取决于其经营能力、财务杠杆、股利政策等基本因素。是公司留存收益比率和由该留存收益带来的报酬(净资产收益率 ROE)的函数。

$$g_t = b \times ROE_{t-1} + \frac{ROE_t - ROE_{t-1}}{ROE_{t-1}}$$

若企业净资产收益率不变,则:

$$g = b \times ROE$$

(四) 两阶段增长模型

这一模型将增长分为两个阶段:高速增长阶段和随后的稳定增长阶段。这类公司股票价值由两部分构成:高速增长阶段(n)股利现值和稳定增长期股票价值的现值。其计算公式为:

$$P_0 = \sum_{t=1}^{\infty} \frac{D_t}{(1+R_s)^t} + \frac{P_n}{(1+R_s)^n}$$

式中:

$$P_n = \frac{D_{n+1}}{R_{sn} - g_n}$$

(五) 三阶段增长模型

三阶段增长模型假设公司经历了3个阶段,收益高速增长的初始阶段、增长率下降的过渡阶段和永续低增长率的稳定阶段。需要分段计算股利,以确定股票的价值。这一概念与产品的生命周期相同,在高速增长的阶段,由于新产品上市和市场份额的不断增加,公司收益快速增长;在过渡阶段,公司收益增长率开始逐渐下跌;在稳定增长阶段,公司进入成熟期,收益将以整个经济的增长率稳定增长。与两阶段增长模型相比,3阶段模型要求输入变量较多,如特定年价的股利支付率、增长率、β系数等。

三、实验材料

天河公司2015年权益净利率为19%,每股股利为5.3元,预计未来5年的权益净利率分别为18%,16%,14%,12%,10%。从第6年开始持续稳定在9%的水平。公司政策规定每年保留60%的收入,其余的作为股息发放。若投资的真实贴现率为9%,预计未来的通货膨胀率为每年4%。

要求:(1)估计该公司的股票价值;
(2)测试通货膨胀率与留存收益率变化时对股票价值的影响。

四、实验步骤与实验结果

建立"分段股息贴现模型"的新工作表,并在相应的单元格中输入已知数据,如表4-2已知数据部分所示;在C4单元格中添加"数值调节纽"。点击【开发工具】菜单,找到【插入】控件包,选择【数值调节纽】。当光标变为"+"字形后,从C4单元格的左上角拉至右下角,画好数值调节纽。把光标放在C4的数值调节纽上,点右键选择【设置控件格式】,将【最小值】设为0,【最大值】设为100,【步长】设为1,【单元格链接】选择C4。在B4单元格中输入公式:=C4/100。同样的方法,在H4中也插入一个数值调节纽,单元格链接在H4单元格,最大最小值的设法与 C4 单元格相同。在 G4 单元格中输入公式：=H4/100,可将最大最小数值变为百分数进行调节。

根据表 4-1 所示公式和函数，在相应单元格中求出结果，预测股息的真实增长率时，可根据公司可持续增长率来估计。涉及的公式有如下几项：

名义权益净利率 = (1＋真实权益净利率)×(1＋通货膨胀率)－1

$$股息真实增长率 = \frac{留存收益率×真实权益净利率}{1－留存收益率×真实权益净利率}$$

股息名义增长率 = (1＋股息真实增长率)×(1＋通货膨胀率)－1

每股股利 = 上期股利×(1＋股息名义增长率)

表 4-1　　　　　　　　　　　　工　作　表

单元格	公式或函数	单元格	公式或函数
G5	=(1+B5)×(1+B4)－1	C10:H10	{=(1+C9:H9)×(1+B4)－1}
C11:H11	{=G4×C9:H9/(1－G4×C9:H9)}	C12:H12	{=(1+C11:H11)×(1+B4)－1}
C13:H13	{=B13:G13×(1+C12:H12)}	G14	=H13/(G5－H12)
C15:G15	{=C13:G13+C14:G14}	C16:G16	{=PV(G5,C8:G8,,－C15:G15)}
B17	=SUM(C16:G16)	B32	=B5
B33	=B17		

在 B32 单元格中输入公式：=B5,在 B33 单元格中输入=B17,在 C32:H32 单元格中分别输入 7％,8％,9％,10％,11％,12％。选中 B32:H33 的数据区域，从【数据】菜单中选【模拟分析】，选择【模拟运算表】，从弹出的对话框中为【输入引用行的单元格】选择 B5,点确定，则不同真实贴现率下每股的内在价值均显示在表格中。

选择 C33:H33 的数据区域，在菜单中点【插入】，选择【折现图】，【带数据标记的折现图】，确定。将插入的图表移到合适的位置。光标点选横轴数据，右键，【选择数据】，【编辑水平轴】，重新选择 C32:H32 的区域作为横轴数据，确定返回。还可以根据自己的喜好对图表进行适当的修饰，增加标题、横轴、纵轴的标签，如表 4-2、表 4-3 所示。

表 4-2　　　　　　　　　　　　实　验　结　果　表

	A	B	C	D	E	F	G	H
1				分段股息贴现动态模型				
2								
3	输入值							
4	通货膨胀率	4％			留存收益率		60％	
5	真实贴现率	9％			名义贴现率		13％	
6								

(续表)

	A	B	C	D	E	F	G	H
7		历史期		第一期				第二期
8	期数	0	1	2	3	4	5	6
9	真实权益净利率	19%	18%	16%	14%	12%	10%	9%
10	名义权益净利率		23%	21%	19%	16%	14%	13%
11	股息真实增长率		12%	11%	9%	8%	6%	6%
12	股息名义增长率		17%	15%	14%	12%	11%	10%
13	每股股利	5.3	6.18	7.11	8.07	9.05	10.01	11.00
14	每股的延续价值						321.38	
15	每股股利与每股延续价值之和		6.18	7.11	8.07	9.05	331.39	
16	每股股利与每股延续价值之和的现值		5.45	5.53	5.54	5.48	177.03	
17	每股内在价值	199.03						

调节通货膨胀率的数值调节按钮,可以发现,每股内在价值并不受通货膨胀的影响,主要是因为折现时分子分母均考虑了通货膨胀率,估算出来的199.03就是股票的真实价值。调节留存收益率的数值按钮,每股内在价值相应发生变化。分段股息模型的动态图形如表4-3所示。

表4-3   实验结果表

	A	B	C	D	E	F	G	H
18								
19								
20								
21								
22								
23								
24								
25								
26								
27								
28								
29								
31								
32	真实贴现率	9%	7%	8%	9%	10%	11%	12%
33	每股内在价值	199.03	508.85	286.34	199.03	152.41	123.42	103.65

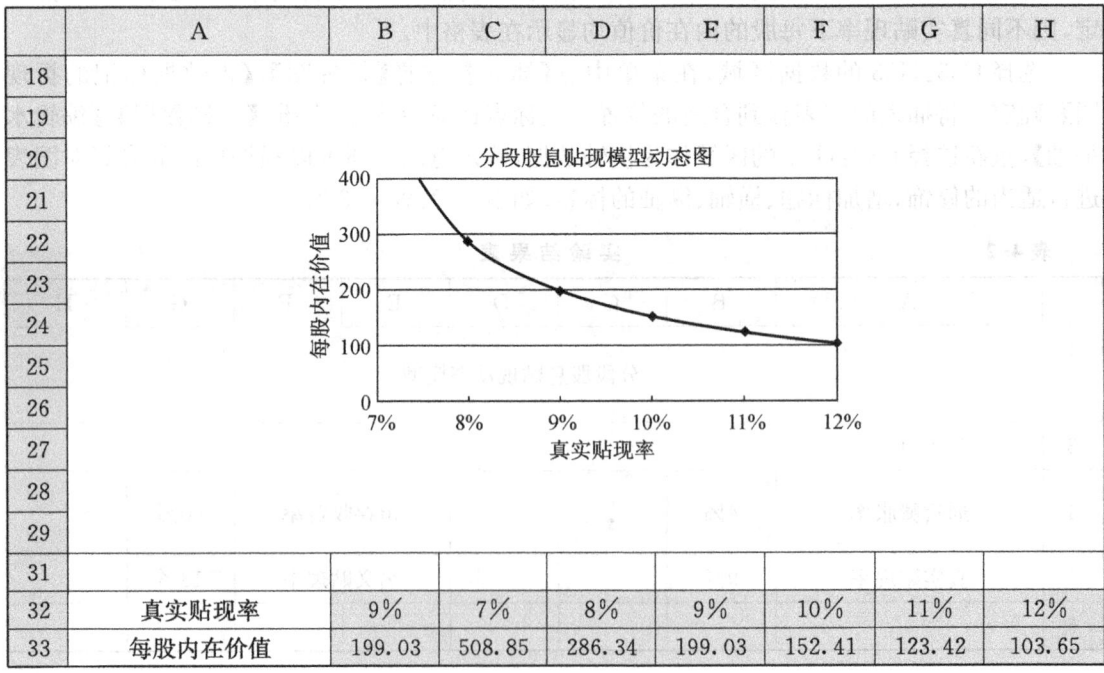

五、模拟实训与练习

(1) 假设一个投资者正考虑购买 ACC 公司的股票,预期 1 年后公司支付的股利为 3 元/每股,该股利预计在可预见的将来以每年 8% 的比例增长,投资者基于对该公司的风险评估,要求最低获得 12% 的投资收益率。

要求:计算 ACC 公司股票的价格。

(2) 天山公司 2014 年的权益净利率为 21%,每股股利为 6.18 元,预计未来 5 年的权益净利率为 19%,17%,15%,13%,11%。从第 6 年开始持续稳定在 9% 的水平。公司政策规定每年保留 70% 的收入,投资的必要报酬率为 9%,其余的作为股息发放。

要求:估计该公司股票的价值。

第三章
财务预测与全面预算

实验五 销售预测

财务预测是融资计划的前提,用来估计企业未来的融资需求。企业对外提供产品和劳务,必须要有一定的资产。销售增加时,要相应增加流动资产,甚至还增加固定资产。为取得扩大销售所需增加的资产,企业要筹措资金。这些资金,一部分来源于内生性负债,一部分来自保留盈余,不够的部分需要通过外部融资取得。因此,企业需要预先知道自己的财务需求,提前安排融资计划,避免发生资金周转困难。

财务预测有助于改善投资决策。根据销售前景估计出的融资需求不一定总能满足,因此,就需要根据可能筹措到的资金来安排销售增长及有关投资项目,使投资决策建立在可行的基础上。

预测的真正目的有助于应变。预测给人们展现了未来各种可能的前景,促使人们制定出相应的应急计划。预测可以提高企业对不确定事件的反应能力,从而减少不利事件出现带来的损失,增加利用有利机会带来的收益。

一般情况下,财务预测把销售数视为已知数,把销售预测作为财务预测的起点。

一、实验目的

掌握销售预测的回归分析法;
掌握相关统计函数及查找与引用函数的使用;
理解多变量的回归分析法。

二、实验原理

销售预测是在对市场进行充分调查的基础上,根据市场供需情况的发展趋势,结合企业销售状况和生产能力等实际情况,对该项商品的销售量或销售额所做的预计和推测。

常用的销售预测方法是时间序列回归法。根据一段时间内销售量 Q 与时间 t 的函数关系,建立回归模型,以一元线性回归模型 $Q=b+mt$ 为例,按照最小平方法的原理确定一条能正确反映自变量 t 和因变量 Q 之间关系的直线,据此进行预测的方法。直线方程中 b 为常数项,m 为系数。

计算公式:

$$Q = b + mt$$

式中:Q——因变量,即销售量或销售额;

t——自变量,为时间系数,即间隔期;

b、m——参数。

根据直线方程和一组 n 期历史销售量的实际资料,确定参数 b、m 的值和相关系数 R^2,便得到销售预测直线方程。根据相关系数 R^2 判断该方程是否合理,如果等于或约等于 1,说明销售量和时间呈线性关系,即销售历史数据呈现出直线变化,则可以应用回归分析法进行销售预测。否则,放弃此方法。

与预测方法相关的函数如下:

1. INTERCEPT( )函数

功能:利用现有的 X 值与 Y 值计算直线与 y 轴的截距。

语法:INTERCEPT(known_y's, known_x's)。

2. SLOPE( )函数

功能:返回根据现有的 X 值与 Y 值数据点拟合的线性回归直线的斜率。

语法:SLOPE(known_y's, known_x's)。

3. FORECAST( )函数

功能:根据已有的数值计算或预测未来值。

语法:FORECAST(x, known_y's, known_x's)。

4. TREND( )函数

功能:使用最小平方法找到最适合已知数组 known_y's 及 known_x's(自变量)的直线回归模型,然后代入所指定的 new_x's 数组,求出 Y 的估计值。

语法:TREND(known_y's, known_x's, new_x's, const)。

参数:

known_y's 代表因变量,为必要参数;如果 known_y's 数组是单独一列,则 known_x's 数组中的每一列被解释为一个独立的自变量。如果 known_y's 数组是单独一行,则 known_x's 数组中的每一行将被解释为一个独立的自变量。

known_x's 数组可能含有多组自变量。如果只用到一组自变量,known_y's 参数数组与 known_x's 可以是任何类型的范围,只要两者的维数相同即可。

new_x's 数组代表新的多组自变量。如果 new_x's 与 known_x's 参数同时被省略了,则假设两者都是与 known_y's 一样具有相同个数的数组{1, 2, 3, …},即为"时间序列分析"。

const 为一逻辑值,指明是否强制将常数项 b 设置为 0:如果 const 为 false,常数项 b 将被设置为 0;如果 const 为 true 或被省略了,常数项 b 将依计算得出。

5. LINEST( )函数

功能:直线的公式为:$y = mx + b$ 或 $y = m_1 x_1 + m_2 x_2 + \cdots + m_n x_n + b$,返回的数组为 $\{m_n, m_{n-1}, \cdots, m_1, b\}$,LINEST 函数还可返回附加回归统计值。

语法:LINEST(known_y's, [known_x's], [const], [stats])

const 是一个逻辑值,用于指定是否将常量 b 强制设为 0。
若 const 为 TRUE 或被省略,b 将按通常方式计算;
若 const 为 FALSE,b 将被设为 0,并同时调整 m 值使 y=mx。
Stats 是一个逻辑值,用于指定是否返回附加回归统计值。
如果 stats 为 TRUE,则 LINEST 函数返回附加回归统计值,这时返回的数组为 $\{m_n, m_{n-1}, \cdots, m_1, b; se_n, se_{n-1}, \cdots, se_1, se_b; r^2, se_y; F, df; ssreg, ssresid\}$。
附加回归统计值如表 5-1 所示。

表 5-1　　　　　　　　　　　附加回归统计值表

统计值	说　明
$se_n, se_{n-1}, \cdots, se_1$	系数 $m_n, m_{n-1}, \cdots, m_1$ 的标准误差值
se_b	常量 b 的标准误差值(当 const 为 FALSE 时,$se_b = \sharp N/A$)
r^2	判定系数,y 的估计值与实际值之比,范围在 0~1 之间。如果为 1,则样本有很好的相关性,y 的估计值与实际值之间没有差别。相反,如果判定系数为 0,则回归公式不能用来预测 y 值
se_y	Y 估计值的标准差
F	F 统计或 F 观察值。使用 F 统计可以判断因变量和自变量之间是否偶尔发生过可观察到的关系
df	自由度,用于在统计表上查找 F 临界值
$ssreg$	回归平方和
$ssresid$	残差平方和

附加回归统计值返回的顺序如表 5-2 所示。

表 5-2　　　　　　　　　附加回归统计值返回顺序表

	A	B	C	D	E	F
1	m_n	m_{n-1}	⋯	m_2	m_1	b
2	se_n	se_{n-1}	⋯	se_2	se_1	se_b
3	r^2	se_y				
4	F	df				
5	$ssreg$	$ssresid$				

这时需要用 INDEX 函数返回表格中的值。如果 stats 为 FALSE 或被省略,LINEST 函数只返回系数 m 和常量 b。

6. 数组型 INDEX( )函数

功能:返回数组中的一个元素的值,它由行和列的序号索引来选定。
语法:INDEX(array, row_num, column_num)。
参数:
Array:以数组方式输入的单元范围。
row_num:指定所要返回的元素是位于数组里的第几行,如果要省略该参数,则一定要输入 column_num 参数。
column_num:指定要返回的元素是位于数组里的第几列,如果要省略该参数,则一定要输入 row_num 参数。

说明：若同时使用了 row_num 与 column_num 参数，则 INDEX 函数会返回 row_num 与 column_num 交叉决定的单元的值。

若 array 仅含单一的行或列元素，则相对应的参数 row_num 或 column_num 将变为可选择性的参数。

若 array 仅有多行或列元素，但只使用参数 row_num 或 column_num，则 INDEX 函数将返回数组中的某一整行或列。

在工作表格中输入数组时，请按下 Ctrl、Shift、Enter 组合键。

row_num 与 column_num 参数值必须能对应到 array 中的某一单元，否则 INDEX 函数会返回错误值"♯REF！"。

三、实验材料

（1）天河公司近几年的销售情况如表 5-3 所示。

表 5-3　　　　　　　　　天河公司历年销售情况表　　　　　　　　　单位：件

年　份	2009	2010	2011	2012	2013	2014
销售量	2 100	2 500	2 600	2 800	3 000	3 510

要求：预测天河公司 2015—2020 年的销售量

（2）假如办公楼的价值受底层面积、办公室个数、入口个数及使用年数的影响。天河公司为评估一栋办公楼的价值以确定销售底价，因此从 1 500 个可选的办公楼里随机选择了 11 个办公楼作为样本，得到下列已知数据，如表 5-4 所示。"半个入口"指的是运输专用入口。请用回归分析法帮天河公司评估底层面积为 2 500 平方米，有 3 个办公室，2 个入口，可使用 25 年的办公楼的价值。

表 5-4　　　　　　　　　相关因素与办公楼的价值表

	A	B	C	D	E
1	底层面积	办公室的个数	入口个数	办公楼的使用年数	办公楼的评估值（元）
2	2 310	2	2	20	142 000
3	2 333	2	2	12	144 000
4	2 356	3	1.5	33	151 000
5	2 379	3	2	43	150 000
6	2 402	2	3	53	139 000
7	2 425	4	2	23	169 000
8	2 448	2	1.5	99	126 000
9	2 471	2	2	34	142 900
10	2 494	3	3	23	163 000
11	2 517	4	4	55	169 000
12	2 540	2	3	22	149 000
被估办公楼	2 500	3	2	25	？

四、实验步骤与实验结果

(一)单变量回归分析法

(1) 新建"销售预测表"工作簿,并输入已知数据。

(2) 参考表5-5,不同的方法利用不同的相关函数在工作表中进行计算。

表5-5　　　　　　　　　　工　作　表

单元格	公式或函数
D12	=INTERCEPT(C3:C8,B3:B8)
D13	=SLOPE(C3:C8,B3:B8)
H12	=INDEX(LINEST(C3:C8,B3:B8,,TRUE),1,2)
H13	=INDEX(LINEST(C3:C8,B3:B8,,TRUE),1,1)
H14	=INDEX(LINEST(C3:C8,B3:B8,,TRUE),3,1)
D16:D21	{=D12+B16:B21×D13}
E16:E21	{=FORECAST(B16:B21,C3:C8,B3:B8)}
F16:F21	{=TREND(C3:C8,B3:B8,B16:B21)}
H16:H21	{=H12+H13×B16:B21}

(3) 选中B2:C8的表格区域,点击【插入】菜单,选择【散点图】、【仅带数据标记的散点图】,则销售量图形就画好了,点图形中的散点,点鼠标右键选择【添加趋势线】,勾选【选择公式】、【选择R平方值】,根据个性美化图表,结果如表5-6内图形所示。

(4) 实验结果如表5-6所示。

表5-6　　　　　　　　　　实验结果表

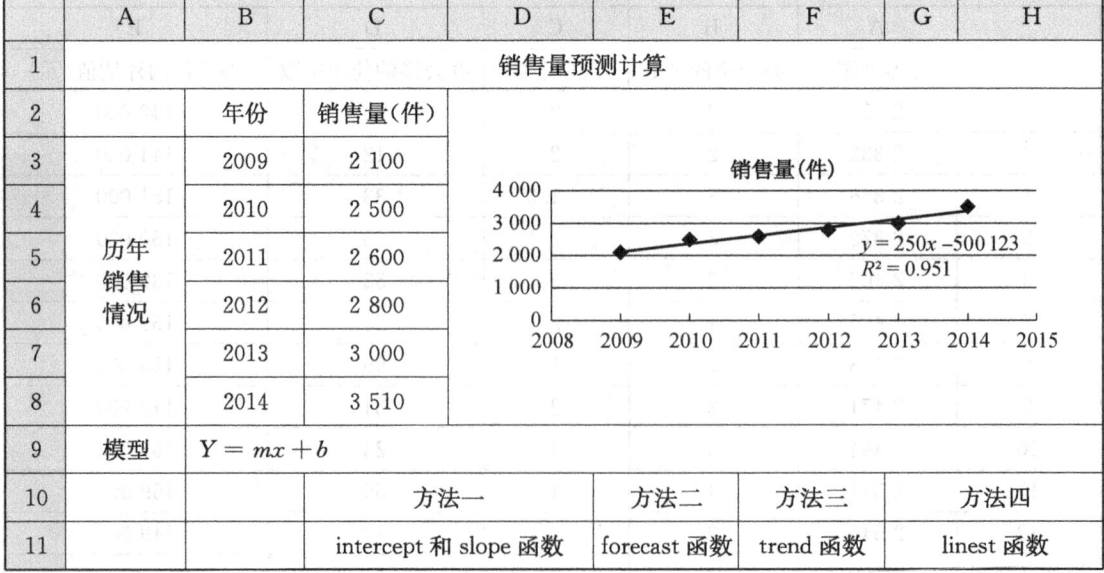

(续表)

	A	B	C	D	E	F	G	H
12			b	−500 123			b	−500 123
13			m	250			m	250
14							r^2	95%
15		年份		销售量(件)	销售量(件)	销售量(件)		销售量(件)
16		2015		3 627	3 627	3 627		3 627
17		2016		3 877	3 877	3 877		3 877
18	销售预测结果	2017		4 127	4 127	4 127		4 127
19		2018		4 377	4 377	4 377		4 377
20		2019		4 627	4 627	4 627		4 627
21		2020		4 877	4 877	4 877		4 877

结果分析:以上表格中运用了4种方法预测出了相应年份的销售量,在用回归分析法预测下一年份的销售量时,LINEST( )函数求出了 R 的平方值,判断了因变量与自变量之间是否存在一种相关关系,若 R 的平方值较大,则认为它们有相关性,可以用该方法对下一年进行预测,否则放弃。

(二) 多变量回归分析法

(1) 新建"多变量评估表",并在相应位置输入原始数据,如表 5-7 所示。

(2) LINEST( )函数可以使用数组的方法一次得出结果,选择 B17:F17 的区域,参考表 5-8 中的公式或函数做法,求出相应的参数值。再根据线性关系 $y = m_1 x_1 + m_2 x_2 + \cdots + m_4 x_4 + b$ 对相关参数进行计算。

表 5-7 　　　　　　　　　　　　工 作 表

单元格	公式或函数
B17:F17	{=LINEST(F4:F14,B4:E14,,TRUE)}
F15	=E17×B15+D17×C15+C17×D15+B17×E15+F17

(3) 结果如表 5-8 所示。

表 5-8 　　　　　　　　　　　　实验结果表

	A	B	C	D	E	F
1		办公楼销售底价评估				
2			A	B	C	D	E
3	1	底层面积(x1)	办公室的个数(x2)	入口个数(x3)	办公楼的使用年数(x4)	办公楼的评估值(y)
4	2	2 310	2	2	20	142 000
5	3	2 333	2	2	12	144 000

(续表)

	A	B	C	D	E	F
6	4	2 356	3	1.5	33	151 000
7	5	2 379	3	2	43	150 000
8	6	2 402	2	3	53	139 000
9	7	2 425	4	2	23	169 000
10	8	2 448	2	1.5	99	126 000
11	9	2 471	2	2	34	142 900
12	10	2 494	3	3	23	163 000
13	11	2 517	4	4	55	169 000
14	12	2 540	2	3	22	149 000
15	被估办公楼	2 500	3	2	25	158 261
16	回归求 m 和 b	$m4$	$m3$	$m2$	$m1$	b
17		−234.24	2 553.21	12 529.77	27.64	52 318

五、模拟实训与练习

(1) 天河公司 A 产品的销售量和盈利额统计数据如表 5-9 所示，试用回归分析法求销量为 140 件时的盈利额。

表 5-9　　　　　销售量和盈利额数据表

时间(年)	04	05	06	07	08	09	10	11	12	13	14	15
销售额(万)	4	6	10	20	30	40	50	60	65	90	120	140
盈利额(万)	4	6	8	13	16	17	19	25	25	29	46	49.62

(2) 由于啤酒销售和天气具有强烈的正相关性，天气越热，喝啤酒的人就越多，啤酒的销售量也就越大。同时，啤酒的销售还与啤酒市场的发展程度、上市公司销售人员的销售努力程度、广告策略等具有相关性。因此，可将平均气温、啤酒市场发展程度以及销售费用变化程度这几个因素确定为影响公司销售收入的主要因素。某啤酒股份有限公司前几年度的销售情况如表 5-10 所示，试预测 2015 年下半年度销售收入。

表 5-10　　　　　销 售 情 况 表

期 间	11年 1~6月	11年 7~12月	12年 1~6月	12年 7~12月	13年 1~6月	13年 7~12月	14年 1~6月	14年 7~12月	15年 1~6月	15年 7~12月
销售收入	16 570	22 849	21 918	30 329	23 540	32 682	33 934	40 462	38 739	?
气温	16.67	20.98	16.82	20.82	17.02	20.66	16.77	20.08	16.75	20.46
销售费变化额	302	1 222	1 601	1 723	405	28	1 524	726	1	820
市场发展程度	19 054	20 389	25 492	35 152	31 765	43 956	33 629	46 689	47 131	56 197

(3) 已知新天地公司过去10年的销售和管理费用、应收账款、存货、固定资产的数据如表5-11所示。

表 5-11　　　　　　　　　　　　相 关 数 据 表

年　份	销售额	销售和管理费用	应收账款	存　货	固定资产
2×01	20 000	3 700	3 800	4 800	8 300
2×02	21 500	3 800	4 400	5 300	8 600
2×03	18 500	3 600	3 500	5 700	7 900
2×04	23 500	3 900	4 300	6 000	9 100
2×05	26 500	4 200	4 500	6 600	9 800
2×06	30 000	4 500	5 200	7 200	10 600
2×07	28 000	4 300	4 700	7 000	10 100
2×08	35 000	4 600	6 100	7 100	11 800
2×09	42 000	4 900	7 100	9 000	13 500
2×10	50 000	5 000	8 500	10 000	15 000

要求：根据历史资料建立以下直线回归方程，并绘制出分析图。

销售和管理费用 $= a_1 \times$ 销售额 $+ b_1$

应收账款 $= a_2 \times$ 销售额 $+ b_2$

存货 $= a_3 \times$ 销售额 $+ b_3$

固定资产 $= a_4 \times$ 销售额 $+ b_4$

实验六 资金需要量预测

一、实验目的

掌握用营业收入百分比法的公式及报表倒推求外部融资需求量的方法；

能够利用滚动条观察销售增长率不同时企业的融资需求量的变化；

进一步熟练使用图表。

二、实验原理

资金需要量预测是指对企业未来某一时期内的资金需要量进行科学的预计和判断。科学预测资金需要量是合理筹划和运用营运资金、提高效益的重要保证。

最常用的资金需要量预测方法有因素分析法、回归分析法和营业收入百分比法。

营业收入百分比法是根据资产负债表和损益表中有关项目与销售收入之间的依存关系预测短期资本需要量的一种方法。该方法的基本步骤是：

（1）编制预计损益表，确定留存收益的增加数。或根据计划期的销售收入和销售净利润率，结合计划期支付股利的比率，确定计划期内部留存收益的增加额。

（2）分析资产负债表上的敏感性项目和非敏感性项目。把金额变动与销售增减有直接关系的项目叫敏感性项目。资产类敏感性项目如货币资金、应收账款和存货等，固定资产需要看其利用程度，一般情况下是非敏感的项目，若生产已达到饱和状态，则为敏感性项目。负债类如应付账款、应交税费等短期负债通常是敏感性负债，长期负债则一般是非敏感性项目。

（3）对于各个敏感性项目，计算其基期的金额占基期销售收入的百分比，并分别计算出敏感性资产项目占基期销售收入的百分比的合计数和敏感性负债项目占基期销售收入的百分比的合计数。

（4）根据销售收入的增长额，确定企业计划期需要从外部筹措的资金需要量。

计算公式：

$$M = \frac{A}{S_0} \times \Delta S - \frac{L}{S_0} \times \Delta S - S_1 \times R \times (1-D) + M_1$$

式中：M——外部融资需求量；

D——股利支付率；

S_0——基期销售额；

S_1——计划期销售额；

R——销售净利率；

M_1——计划期零星资金需求。

三、实验材料

天河公司2015年的资产负债表如表6-1所示,当年实际销售额为40 000万元,销售利润率为13.125%。该公司2016年预计营业收入会增长25%,税后利润的留用比率为40%。所有流动资产均为敏感性资产,除应付票据外的流动性负债均为敏感性负债。

表6-1　　　　　　　　　　2016年天河公司预计资产负债表　　　　　　　　　单位:万元

项　目	金　额	项　目	金　额
资产		负债及股东权益	
现金	20 000	应付票据	5 000
应收账款	1 000	应付账款	13 000
存货	86 000	其他流动负债	24 000
固定资产	15 000	非流动负债	35 000
其他非流动资产	2 000	负债合计	77 000
		股本	11 000
		资本公积	23 000
		盈余公积	7 000
		未分配利润	6 000
		股东权益合计	47 000
资产总计	124 000	负债及股东权益总计	124 000

要求:

(1) 分别用公式法和报表倒推的方法预测对外融资需求量;

(2) 若未来销售增长率在0~100%变动,做出销售增长率对外部融资需求影响的观测表。

四、实验步骤与实验结果

(1) 新建工作簿"资金需要量预测表",并输入相关已知数据,如表6-2所示。在D4单元格应用公式:=B1×(1+B4),得到2016年的销售额为50 000万元。

表6-2　　　　　　　　　　　　资金需要量预测表

	A	B	C	D
1	2015年销售额(万元)	40 000		
2	销售利润率	13.125%		
3	留存收益率	40%		
4	2016年销售增长率	25%	2016年销售额	50 000

(2) 建立天河公司 2016 年预测资产负债表,并参考表 6-3 的公式与函数,对 2016 年相关数据进行预测。并根据预测的数据使用报表倒推的方法或根据敏感性项目与销售收入的比重,使用公式法求解外部筹资需要量。

表 6-3 工作表

单元格	公式或函数	单元格	公式或函数
D4	=B1×(1+B4)	D9;D11	{=D4×C9;C11}
D12	=B12	D13	=B13
D14	=SUM(D9;D13)	D16	=B16
D17;D18	{=C17;C18×D4}	D19	=B19
D20	=SUM(D16;D19)	D21	=B21
D22	=B22	D23	=B23
D24	=B24+D4×B2×B3	D25	=SUM(D21;D24)
D27	=D14	D26	=D27−D20−D25
B29	=(C14−C20)×B1×B4−D4×B2×B3		

(3) 2015 年的预测资产负债表结果如表 6-4 所示,根据资产=负债+所有者权益,可倒推出外部筹资需求量为 14 875 元。若利用公式法求解,结果相同。

表 6-4 2016 年天河公司预计资产负债表 单位:万元

	A	B	C	D
1	项目	2015 年实际数	占营业收入的比例(%)	2016 年预计数
2	资产			
3	现金	20 000	50%	25 000
4	应收账款	1 000	2.5%	1 250
5	存货	86 000	215%	107 500
6	固定资产	15 000	—	15 000
7	其他非流动资产	2 000		2 000
8	资产总计	124 000	267.5%	150 750
9	负债及股东权益			
10	应付票据	5 000	—	5 000
11	应付账款	13 000	32.50%	16 250
12	其他流动负债	24 000	60%	30 000
13	非流动负债	35 000	—	35 000
14	负债合计	77 000	92.5%	86 250
15	股本	11 000	—	11 000

(续表)

	A	B	C	D
16	资本公积	23 000	—	23 000
17	盈余公积	7 000	—	7 000
18	未分配利润	6 000	—	8 625
19	股东权益合计	47 000	—	49 625
20	追加外部筹资额			14 875
21	负债及股东权益总计	124 000		150 750
22				
23	公式法求外部融资需要量	14 875		

(4) 建立"不同销售增长率下的外部资金需求量预测表"和"销售增长率与外部融资需求量的关系"表,并输入销售额增长率的变动百分比,点击【开发工具】菜单,分别选择【插入】,控件包,【滚动条(窗体控件)】,在单元格 B38、B47 中各插入一个滚动条。在 B38 的滚动条上点右键,【设置控件格式】,将【最小值】设为 21,【最大值】设为 100,【步长】与【页步长】可以依据自己的喜好设置数据大小,也可以默认,这里选择默认。【单元格链接】选择 B38。同样的方法,在 B47 的滚动条上点右键,【设置控件格式】,将【最小值】设为 21,【最大值】设为 100,【单元格链接】选择 B47。

(5) 参照表 6-5 的公式和函数计算出各销售额增长率变化时总量资产负债表的变化和增量资产与增量负债、增量所有者权益及外部筹资额的关系。

表 6-5　　　　　　　　　　　　　工　作　表

单元格	公式或函数	单元格	公式或函数
A38	=B38/100	C33:C38	{=B1×(1+A33:B38)}
D33:D38	{=C14×C33:C38+D12+D13}	E33:E38	{=B25+C33:C38×B2×B3}
F33:F38	{=D33:D38−E33:E38}	G33:G38	{=F33:F38/D33:D38}
A47	=B47/100	C42:C47	{=C14×B1×A42:A47}
D42:D47	{=C20×B1×A42:A47}	E42:E47	{=B1×(1+A42:A47)×B2×B3}
F42:F47	{=D42:D47+E42:E47}	G42:G47	{=C42:C47−D42:D47−E42:E47}

(6) 计算结果如表 6-6 所示。

表 6-6　　　　　　　　　　　　　计算结果表　　　　　　　　　　　　　单位:万元

	A	B	C	D	E	F	G
31		不同销售增长率下的外部融资需求量预测					
32		销售额增长率	S_1	预计总资产	预计总权益	预计总负债	资产负债率
33		0%	40 000	124 000	49 100	74 900	60.40%
34		5%	42 000	129 350	49 205	80 145	61.96%

(续表)

	A	B	C	D	E	F	G
35		10%	44 000	134 700	49 310	85 390	63.39%
36		15%	46 000	140 050	49 415	90 635	64.72%
37		20%	48 000	145 400	49 520	95 880	65.94%
38	21%	◄ ►	48 400	146 470	49 541	96 929	66.18%
39							
40	销售额增长率与外部融资需求量的关系							
41	销售额增长率		敏感性资产增量	敏感性负债增量	股东权益增量	自然性融资总和	外部融资需求量
42	0%		0	0	2 100	2 100	-2 100
43	5%		5 350	1 850	2 205	4 055	1 295
44	10%		10 700	3 700	2 310	6 010	4 690
45	15%		16 050	5 550	2 415	7 965	8 085
46	20%		21 400	7 400	2 520	9 920	11 480
47	25%	◄ ►	26 750	9 250	2 625	11 875	14 875

(7) 按住"Ctrl"键不动,拉选 C42:C47 和 F42:F47 两块区域,点选【插入】菜单,选择【折线图】中【带数据标记的折线图】,插入的图如图 6-1 所示。光标选择横轴数据,右键【选择数据】,【编辑】水平轴,重新为水平轴选择 A42:A47 数据区域,"确定"返回。

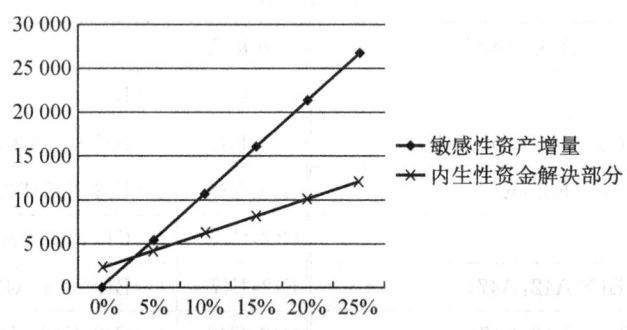

图 6-1 融资需要量与内生性资金量关系图

结果分析:从图 6-1 可以看出,两条线的交点后,随着销售规模的扩大,企业所需的资金仅靠税后利润留存及内生性负债已不能满足需求,差额部分需靠外部融资解决。

五、模拟实训与练习

已知某公司 2015 年的销售额为 2 000 万元,净利率为 5%,股利发放率为 30%,预测公司下年度销售额将增长 20%,并假设公司固定资产使用已达到饱和状态,公司产生的额外资金需求全部通过负债调节。该公司 2015 年简化的资产负债表如表 6-7 所示,根据上述资料预测公司在销售额增长率为5%~100%下需追加的资金量,并画图反映结果。

表6-7　　　　　　　　　公司2015年资产负债表(简化)　　　　　　　　单位:万元

资　产		负债及所有者权益	
项　目	金　额	项　目	金　额
现金	50	应付账款	400
应收账款	600	短期借款	150
固定资产	350	股东权益	450
资产合计	1 000	负债及股东权益	1 000

实验七 全面预算

全面预算是所有以货币或其他数量形式反映的企业未来一段时间全部经营活动各项目标的行动计划与相应措施的数量说明。包括：业务预算、资本预算和财务预算。是由这一系列预算构成的体系，各预算之间相互联系，相互依存。

财务预算是在预测和决策的基础之上，围绕企业战略目标，对未来一定时期内企业资金的取得和投放、各项收入和支出、经营成果及其分配等资金运动所作的安排，是企业全面预算的一部分，它包括现金预算表、预计资产负债表、预计利润表和预计现金流量表。

企业应根据长期市场预测和生产能力，编制长期销售预算，以此为基础，确定本年度的销售预算，并根据企业财力确定资本支出预算。销售预算是年度预算的编制起点，根据"以销定产"的原则确定生产预测，同时确定所需要的销售费。生产预算的编制，除了考虑计划销售量外，还要考虑现有存货和年末存货。根据生产预测来确定直接材料、直接人工和制造费用预算。产品成本预算和现金预算是有关预算的汇总。预计损益表、资产负债表和现金流量表是全部预算的综合。

一、实验目的

利用 EXCEL 电子表格编制经营预算，提高财务工作效率；
掌握财务预算的编制方法；
掌握报表间数据的引用方法。

二、实验原理

全面预算按其涉及的预算期分为长期预算和短期预算。长期预算包括长期销售预算和资本支出预算，有时还包括长期资金筹措预算和研究与开发预算。短期预算是指年度预算，或者时间更短的季度或月度预算。

全面预算按其涉及的内容分为总预算和专门预算。总预算是指预计损益表、资产负债表和现金流量表，它们反映企业的总体状况，是各种专门预算的综合。

全面预算按其涉及的业务活动领域分为销售预算、生产预算和财务预算。前两个预算统称业务预算，用于计划企业的基本经济业务。财务预算是关于资金筹措和使用的预算。

现金预算是财务预算的重要组成部分。

1. 销售预算

销售预算是整个现金预算的编制起点，其他预算的编制要以销售预算为基础。

2. 生产预算

生产预算是不含价值量指标的预算。

$$预计期初存货 + 预计生产量 = 预计销售量 + 预计期末存货$$

3. 直接材料预算

直接材料预算是以生产预算为基础编制的，同时需要考虑原材料存货水平。

期初材料存量＋预计采购量＝生产需用量＋期末存量

4. 直接人工预算

直接人工预算也是以生产预算为基础编制的,可以直接参与现金预算的汇总。

直接人工费用＝预计生产量×单位产品工时×每小时人工成本

5. 制造费用预算

制造费用预算分为变动制造费用和固定制造费用。前者以生产预算为基础编制,后者需要逐项进行估计,通常与本期产量无关。

6. 产品成本预算

产品成本预算以生产预算、直接材料预算、直接人工预算、制造费用预算汇总编制而成。

7. 销售及管理费用预算

销售及管理费用预算一般以过去的实际开支为基础,按预算期可预见的变化来调整。

8. 现金预算

现金预算编制的内容,包括现金收入、现金支出、现金多于或不足的计算,以及不足部分的筹集方案和多余部分的利用方案等。

现金预算实际上是其他预算有关现金收支部分的汇总,以及收支差额平衡措施的具体计划。它的编制,要以其他各项预算为基础,或者说其他预算在编制时要为现金预算做好数据准备。

预计的财务报表是财务管理的重要工具,包括预计损益表和资产负债表等。

三、实验材料

(1) 假定天河公司在计划年度(2016年度)只生产和销售一种产品,销售单价为300元,每季的商品销售在当季收到货款的60%,其余部分在下季收讫。基期(2015年)末的应收账款余额为5 000元。该公司计划年度每季分别销售100件、150件、200件和180件,根据资料,编制天河公司销售预算。

(2) 假定天河公司各季度的期末存货按下一季度销售量的10%计算,各季期初存货与上季期末存货相等。2016年年初库存产品20件,期末库存产品为10件。根据资料,编制计划年度的分季生产预算。

(3) 天河公司单位产品的材料消耗定额为50千克,计划单价为2元/千克。每季度的购料款当季付50%,其余在下季度付讫。假设2016年年初库存原材料为800千克,各季度的期末存料按下一季度生产需要量的10%计算,各季期初存料与上季期末存料相等,预算年度期末库存原材料为850千克。期初应付购料款为5 000元。现根据资料,编制计划年度的分季直接材料采购预算。

(4) 假定天河公司在计划期间内所需直接人工只有一个工种,单位产品的工时定额为8工时,单位工时的工资率为5元,工资全部在当期以现金结算。根据计划期生产预算的预计产量,编制直接人工预算。

(5) 假定天河公司制造费用的变动部分,按计划年度所需直接人工小时总数进行规划;固定部分的各季预计耗费如表7-1所示,根据资料,编制制造费用预算。

表 7-1　　　　　　　　　　　制造费用明细表　　　　　　　　　　　单位:元

项　目	1 季度	2 季度	3 季度	4 季度	全　年
变动制造费用					
每小时间接人工成本	1	1	1	1	1
每小时耗费材料费	2	2	2	2	2
每小时修理费	1	1	1	1	1
每小时水电费	1	1	1	1	1
单位变动制造费用合计	5	5	5	5	5
固定制造费用					
定期维修费	1 320	1 320	1 320	1 320	5 280
折旧	1 000	1 000	1 000	1 000	4 000
管理人员工资	1 000	1 000	1 000	1 000	4 000
保险费	200	200	200	200	800
财产税	200	200	200	200	800
固定制造费用合计	3 720	3 720	3 720	3 720	14 880

　　(6) 假定天河公司计算单位生产成本采用完全成本法,即单位产品成本不仅包括直接材料、直接人工和变动制造费用还包括固定制造费用。已知 2015 年年末库存产品成本中直接材料成本为 1 800 元,直接人工成本为 900 元,变动制造费用为 900 元,固定制造费用为 1 200元。根据以上资料编制单位产品成本预算表。

　　(7) 假定天河公司 2016 预算年度的销售及管理费用使用情况如表 7-2 所示,据此编制"销售及管理费用预算"。

表 7-2　　　　　　　　　　　销售及管理费用明细表　　　　　　　　　　　单位:元

销售费用	
销售人员工资	3 000
广告费	5 000
包装、运输费	2 000
保管费	2 500
管理费用	
管理人员工资	3 000
福利费	600
保险费	800
办公费	1 100

　　(8) 假定天河公司董事会批准在计划期间的第二季度以自有资金购置固定设备 1 台的投资项目,需支付 20 000 元,第四季度末即年末支付现金股利 4 000 元,据税法规定,计划期间每季末预付所得税 900 元。根据公司最低现金管理制度,最低现金持有额为 3 000 元,多余的现金用于偿还贷款或购买短期投资,现金不足时通过银行借款融资,假设银行贷款的金

额要求是1 000元的倍数,贷款利率为6%。假设借款发生在期初,还款发生在期末,每季末计算贷款利息。据此编制企业的现金预算表。

(9) 根据以上预算图表的有关资料,编制2016年度的预计利润表。

(10) 假定该公司基期末(2015年年末)的资产负债表如表7-3所示,根据基期的资产负债表及计划期间(2016年)各项预算中的有关资料进行调整,编制计划期末(2016年年末)的预计资产负债表。

表7-3　　　　　　　　　天河公司2015年资产负债表　　　　　　　　单位:元

资产		负债与所有者权益	
现金	8 000	应付账款	5 000
应收账款	5 000	长期借款	0
直接材料	1 600	负债合计	5 000
产成品	4 800		
固定资产	10 000	实收资本	10 000
累计折旧	4 000	未分配利润	10 400
固定资产净额	6 000	所有者权益合计	20 400
资产合计	25 400	负债与所有者权益合计	25 400

(11) 根据以上资料编制天河公司的现金流量表。

四、实验步骤与实验结果

(一) 销售预算

(1) 创建销售预算表,如表7-4所示,并在表中输入已知数据。

表7-4　　　　　　　　　天河公司2016年度销售预算表　　　　　　　　单位:元

	A	B	C	D	E	F	G
1		摘要	第一季度	第二季度	第三季度	第四季度	全年
2		预计销售数量(件)	100	150	200	180	
3		销售单价(元)	300	300	300	300	
4		预计销售金额					
5		期初应收账款	5 000				
6	预计现金收入	第一季度销售收入					
7		第二季度销售收入					
8		第三季度销售收入					
9		第四季度销售收入					
10		现金销售合计					
11		现销比率	60%				

(2) 参考表 7-5 所示,利用相应公式在表 7-4 中进行计算。

表 7-5　　　　　　　　　　　　工　作　表

单元格	公式	单元格	公式	单元格	公式	单元格	公式
G4	=SUM(C4:F4)	D8	=C6−C8	F11	=F6×C13	C12	=SUM(C7:C11)
G5	=F5	D9	=D6×C13	G8	=SUM(C8:F8)	D12	=SUM(D8:D11)
C6:G6	{=C4:G4×C5:G5}	E9	=D6−D9	G9	=SUM(C9:F9)	E12	=SUM(E8:E11)
G7	=SUM(C7:F7)	E10	=E6×C13	G10	=SUM(C10:F10)	F12	=SUM(F8:F11)
C8	=C6×C13	F10	=E6−E10	G11	=SUM(C11:F11)	G12	=SUM(C12:F12)

(3) 计算结果如表 7-6 所示。

表 7-6　　　　　　　　天河公司 2016 年度销售预算计算结果表　　　　　　　　单位:元

	A	B	C	D	E	F	G
1		摘　　要	第一季度	第二季度	第三季度	第四季度	全　年
2		预计销售数量(件)	100	150	200	180	630
3		销售单价(元)	300	300	300	300	300
4		预计销售金额	30 000	45 000	60 000	54 000	189 000
5	预计现金收入	期初应收账款	5 000				5 000
6		第一季度销售收入	18 000	12 000			30 000
7		第二季度销售收入		27 000	18 000		45 000
8		第三季度销售收入			36 000	24 000	60 000
9		第四季度销售收入				32 400	32 400
10		现金销售合计	23 000	39 000	54 000	56 400	172 400
11		现销比率	60%				

(二) 生产预算

(1) 创建天河公司生产预算表,如表 7-7 所示,并在表中输入已知数据。

表 7-7　　　　　　　　　　天河公司 2016 年度生产预算表　　　　　　　　　　单位:元

	A	B	C	D	E	F
1	摘　　要	第一季度	第二季度	第三季度	第四季度	全　年
2	预计销售量					
3	加:预计期末库存量				10	
4	预计需要量合计					
5	减:期初库存量	20				
6	预计生产量					
7	期末库存为下一期销售量的比率		10%			

(2) 参考表 7-8 所示,利用相应公式在表 7-7 中进行计算。

表 7-8　　　　　　　　　　　　　工 作 表

单元格	公　　　　式	单元格	公　　　　式
B4:F4	{=销售预算!C4:G4}	B8:F8	{=B6:F6－B7:F7}
B5:D5	{=C4:E4×C9}	E5	估计数
B6:F6	{=B4:F4＋B5:F5}	F5	＝E5
C7:E7	{=B5:D5}	F7	＝B7

(3) 计算结果如表 7-9 所示。

表 7-9　　　　　　　　天河公司 2016 年度生产预算计算结果表　　　　　　　　单位:件

	A	B	C	D	E	F
1	摘　　　要	第一季度	第二季度	第三季度	第四季度	全　年
2	预计销售量	100	150	200	180	630
3	加:预计期末库存量	15	20	18	10	10
4	预计需要量合计	115	170	218	190	640
5	减:期初库存量	20	15	20	18	20
6	预计生产量	95	155	198	172	620
7	期末库存为下一期销售量的比率	10%				

(三) 直接材料预算

(1) 创建天河公司直接材料预算表,如表 7-10 所示,并在表中输入已知数据。

表 7-10　　　　　　　　2016 年度天河公司直接材料预算表　　　　　　　　单位:元

	A	B	C	D	E	F	G	H
1	摘　　　要		第一季度	第二季度	第三季度	第四季度	全　年	赊购
2	预计生产量(生产预算)(件)							50%
3	单位产品消耗定额(千克)		50	50	50	50	50	
4	预计生产需要量(千克)							
5	加:期末存料量(千克)					850		
6	预计需要量合计(千克)							
7	减:预计期初存料量(千克)		800					
8	预计采购量(千克)							
9	材料计划单价(元)		2	2	2	2	2	
10	预计购料金额(元)							

(续表)

	A	B	C	D	E	F	G	H
11	预计现金支出计算表	期初应付账款(元)	5 000					
12		第一季度购料(元)						
13		第二季度购料(元)						
14		第三季度购料(元)						
15		第四季度购料(元)						
16		现金支出合计(元)						
17	假设:期末库存材料为下一季生产用量的			10%				

(2) 参考表7-11所示,利用相应公式在表7-10中进行计算。

表 7-11　　　　　　　　　　　　工 作 表

单元格	公　式	单元格	公　式
C4:G4	{=生产预算!B8:F8}	F7	估计数
C6:G6	{=C4:G4×C5:G5}	G7	=F7
C7:E7	{=D6:F6×D19}	G9	=C9
C8:G8	{=C6:G6+C7:G7}	G13	=SUM(C13:F13)
D9:F9	=C7:E7	C14	=C12×H2
C10:G10	{=C8:G8−C9:G9}	D14	=C12−C14
C12:G12	{=C10:G10×C11:G11}	G14	=SUM(C14:F14)
D15	=D12×H2	G16	=SUM(C16:F16)
E15	=D12−D15	C18	=SUM(C13:C17)
G15	=SUM(C15:F15)	D18	=SUM(D13:D17)
E16	=E12×H2	E18	=SUM(E13:E17)
F16	=E12−E16	F18	=SUM(F13:F17)
F17	=F12×H2	G18	=SUM(C18:F18)
G17	=SUM(C17:F17)		

(3) 计算结果如表7-12所示。

表 7-12　　　　　2016年度天河公司直接材料预算表　　　　　单位:元

	A	B	C	D	E	F	G	H
1		摘　要	第一季度	第二季度	第三季度	第四季度	全　年	赊购
2		预计生产量(生产预算)(件)	95	155	198	172	620	50%
3		单位产品消耗定额(千克)	50	50	50	50	50	
4		预计生产需要量(千克)	4 750	7 750	9 900	8 600	31 000	

(续表)

	A	B	C	D	E	F	G	H
5	加:期末存料量(千克)		775	990	860	850	850	
6	预计需要量合计(千克)		5 525	8 740	10 760	9 450	31 850	
7	减:预计期初存料量(千克)		800	775	990	860	800	
8	预计采购量(千克)		4 725	7 965	9 770	8 590	31 050	
9	材料计划单价(元)		2	2	2	2	2	
10	预计购料金额(元)		9 450	15 930	19 540	17 180	62 100	
11	预计现金支出计算表	期初应付账款(元)	5 000				5 000	
12		第一季度购料(元)	4 725	4 725			9 450	
13		第二季度购料(元)		7 965	7 965		15 930	
14		第三季度购料(元)			9 770	9 770	19 540	
15		第四季度购料(元)				8 590	8 590	
16		现金支出合计(元)	9 725	12 690	17 735	18 360	58 510	
17	假设:期末库存材料为下一季生产用量的			10%				

(四) 直接人工预算

(1) 创建天河公司直接人工预算表,如表 7-13 所示,并在表中输入已知数据。

表 7-13　　　　　2016 年度天河公司直接人工预算表

	A	B	C	D	E	F
1	摘　　要	第一季度	第二季度	第三季度	第四季度	全　年
2	预计生产量(件)					
3	单位产品工时(小时/件)	8	8	8	8	8
4	人工总工时(小时)					
5	每小时人工成本(元/小时)	5	5	5	5	5
6	人工总成本(元)					

(2) 参考表 7-14 所示,利用相应公式在表 7-13 中进行计算。

表 7-14　　　　　　　工　作　表

单元格	公式	单元格	公式
B4:F4	{=生产预算!B8:F8}	B6:F6	{=B4:F4×B5:F5}
B8:F8	{=B6:F6×B7:F7}		

(3) 计算结果如表 7-15 所示。

表 7-15　　　　　　　　　2016 年度天河公司直接人工预算表

	A	B	C	D	E	F
1	摘　　要	第一季度	第二季度	第三季度	第四季度	全　年
2	预计生产量(件)	95	155	198	172	620
3	单位产品工时(小时/件)	8	8	8	8	8
4	人工总工时(小时)	760	1 240	1 584	1 376	4 960
5	每小时人工成本(元/小时)	5	5	5	5	5
6	人工总成本(元)	3 800	6 200	7 920	6 880	24 800

(五) 制造费用预算

(1) 创建天河公司制造费用预算表,如表 7-16 所示,并在表中输入已知数据。

表 7-16　　　　　　　　　　2016 年度制造费用预算表

	A	B	C	D	E	F
1	摘　　要	第一季度	第二季度	第三季度	第四季度	全　年
2	直接人工总工时(小时)					
3	费用分配率(元/小时)	5	5	5	5	5
4	变动制造费用(元)					
5	固定制造费用(元)	3 720	3 720	3 720	3 720	
6	制造费用合计(元)					
7	减:折旧(元)	1 000	1 000	1 000	1 000	
8	以现金支付的费用(元)					

(2) 参考表 7-17 所示,利用相应公式在表 7-16 中进行计算。

表 7-17　　　　　　　　　　　工　作　表

单元格	公　　式	单元格	公　　式
B4:F4	{=直接人工预算!B6:F6}	B6:F6	{=B4:F4×B5:F5}
F7	=SUM(B7:E7)	B8:F8	{=B6:F6+B7:F7}
F9	=SUM(B9:E9)	B10:F10	{=B8:F8−B9:F9}

(3) 计算结果如表 7-18 所示。

表 7-18　　　　　　　　　　2016 年度制造费用预算表

	A	B	C	D	E	F
1	摘　　要	第一季度	第二季度	第三季度	第四季度	全　年
2	直接人工总工时(小时)	760	1 240	1 584	1 376	4 960

(续表)

	A	B	C	D	E	F
3	费用分配率(元/小时)	5	5	5	5	5
4	变动制造费用(元)	3 800	6 200	7 920	6 880	24 800
5	固定制造费用(元)	3 720	3 720	3 720	3 720	14 880
6	制造费用合计(元)	7 520	9 920	11 640	10 600	39 680
7	减:折旧(元)	1 000	1 000	1 000	1 000	4 000
8	以现金支付的费用(元)	6 520	8 920	10 640	9 600	35 680

(六) 产品成本预算

(1) 创建天河公司产品成本预算表,如表 7-19 所示,并在表中输入已知数据。其中固定性制造费用的单位消耗要分析填列。

固定性制造费用单位消耗=总固定费用÷总工时=14 880÷4 960=3(元/小时)

表 7-19　　　　　　　　　2016 年度产品成本预算表

	A	B	C	D	E	F	G	H
1	成本项目	单位成本			生产成本	期末存货成本	期初存货成本	销货成本
2		单位消耗	分配率	成本	620 件	10 件	20 件	630 件
3	直接材料(kg)	2	50				1 800	
4	直接人工(小时)	5	8				900	
5	变动制造费用(小时)	5	8				900	
6	固定性制造费用	3	8				1 200	
7	合计(元)							

(2) 参考表 7-20 所示,利用相应公式在表 7-19 中进行计算。

表 7-20　　　　　　　　　工　作　表

单元格	公式	单元格	公式
D5:D8	{=B5:B8×C5:C8}	E5:E8	{=D5:D8×生产预算!F8}
F5:F8	{=D5:D8×生产预算!F5}	H5:H9	{=G5:G9+E5:E9−F5:F9}
B9	=SUM(D5:D8)	E9	=SUM(E5:E8)
F9	=SUM(F5:F8)	G9	=SUM(G5:G8)

(3) 计算结果如表 7-21 所示。

表 7-21 2016 年度产品成本预算表

	A	B	C	D	E	F	G	H
1	成本项目	单位成本			生产成本	期末存货成本	期初存货成本	销货成本
2		单位消耗	分配率	成本	620 件	10 件	20 件	630 件
3	直接材料(kg)	2	50	100	62 000	1 000	1 800	62 800
4	直接人工(小时)	5	8	40	24 800	400	900	25 300
5	变动制造费用(小时)	5	8	40	24 800	400	900	25 300
6	固定性制造费用	3	8	24	14 880	240	1 200	15 840
7	合计(元)			204	126 480	2 040	4 800	129 240

(七) 销售及管理费用预算

(1) 创建天河公司销售及管理费用预算表,并在表中输入已知数据,如表 7-23 所示。

(2) 参考表 7-22 所示,利用相应公式在表 7-23 中进行计算。计算结果如表 7-23 所示。

表 7-22 工 作 表

单元格	公式	单元格	公式
B9	=SUM(B5:B8)	B15	=SUM(B11:B14)
B16	=B9+B15	B17	=B16/4

表 7-23 2016 年度销售及管理费用预算表 单位:元

	A	B
1	费用项目	金额
2	销售费用	
3	销售人员工资	3 000
4	广告费	5 000
5	包装运输费	2 000
6	保管费	2 500
7	销售费用合计	12 500
8	管理费用	
9	管理人员薪金	3 000
10	福利费	600
11	保险费	800
12	办公费	1 100
13	管理费用合计	5 500
14	销售及管理费用合计	18 000
15	每季度支付现金	4 500

（八）现金预算

（1）创建天河公司现金预算表，并在表中输入已知数据。参见表7-25。

（2）参考表7-24所示，利用相应公式在表7-25中进行计算。

表7-24　　　　　　　　　　　　　工　作　表

单元格	公　　式	单元格	公　　式
C4;E4	{=B23;D23}	F4	=B4
B5;F5	{=销售预算!C12;G12}	B6;F6	{=B4;F4+B5;F5}
B8;F8	{=直接材料预算!C18;G18}	B9;F9	{=直接人工预算!B8;F8}
B10;F10	{=制造费用预算!B10;F10}	B11;F11	{=销售及管理费用预算!B17}
F12	=SUM(B12;E12)	F13	=SUM(B13;E13)
F14	=SUM(B14;E14)	B15	=SUM(B8;B14)
C15	=SUM(C8;C14)	D15	=SUM(D8;D14)
E15	=SUM(E8;E14)	F15	=SUM(F8;F14)
B16;F16	{=B6;F6−B15;F15}	C18	12 000
F18	=SUM(B18;E18)	D19	12000
F19	=SUM(B19;E19)	D20	=C18×6%/2
F20	=SUM(B20;E20)	E21	12 000
F21	=SUM(B21;E21)	B23;F23	{=B16;F16+B22;F22}
B22;F22	{=B18;F18−B19;F19−B20;F20−B21;F21}		

（3）计算结果如表7-25所示。其中括号内的数字表示为负数。

表7-25　　　　　　　　　　2016年度现金预算表　　　　　　　　　　单位:元

	A	B	C	D	E	F
1	摘　　　要	第一季度	第二季度	第三季度	第四季度	全　年
2	期初现金余额	8 000	5 555	3 345	3 290	8 000
3	加:现金收入	23 000	39 000	54 000	56 400	172 400
4	可供使用现金合计	31 000	44 555	57 345	59 690	180 400
5	减:现金支出					
6	直接材料	9 725	12 690	17 735	18 360	58 510
7	直接人工	3 800	6 200	7 920	6 880	24 800
8	制造费用	6 520	8 920	10 640	9 600	35 680
9	销售及管理费用	4 500	4 500	4 500	4 500	18 000
10	所得税费用	900	900	900	900	3 600
11	购买设备			20 000		20 000

(续表)

	A	B	C	D	E	F
12	预分股利				4 000	4 000
13	现金支出合计	25 445	53 210	41 695	44 240	164 590
14	现金余缺	5 555	8 655	15 650	15 450	15 810
15	融通资金					
16	向银行借款(期初)		12 000			12 000
17	归还借款(期末)			12 000		12 000
18	支付利息(年利率6%)			360		360
19	购买交易性金融资产				12 000	12 000
20	现金融通合计	0	12 000	12 360	12 000	12 360
21	期末现金余额	5 555	3 345	3 290	3 450	3 450

(九) 预计利润表

(1) 创建天河公司预计利润表。

(2) 参考表 7-26 所示,利用相应公式在表中进行计算,并得出利润的结果,参见表 7-27。

表 7-26　　　　　　　　　　工　作　表

单元格	公　式	单元格	公　式
B4	＝销售预算！G6	B5	＝产品成本预算！H9
B6	＝B4－B5	B7	＝销售及管理费用预算！B9
B8	＝销售及管理费用预算！B15	B9	＝现金预算！F20
B10	＝B6－B7－B8－B9	B11	＝现金预算！F12
B12	＝B10－B11		

表 7-27　　　　　　　2016 年度预计利润表　　　　　　　　单位:元

	A	B
1	项　　目	金　　额
2	销售收入	189 000
3	减:销售成本	129 240
4	销售毛利	59 760
5	销售费用	12 500
6	管理费用	5 500
7	财务费用	360
8	利润总额	41 400
9	减:所得税费用	3 600
10	净利润	37 800

(十) 预计资产负债表

(1) 创建天河公司预计资产负债表,并输入期初数据,如表7-28所示。

表7-28　　　　　　　　　　2016年预计资产负债表　　　　　　　　　　单位:元

	A	B	C	D	E	F
1	资　产	年初数	期末数	负债及所有者权益	年初数	期末数
2	现金	8 000		应付账款	5 000	
3	交易性金融资产	0				
4	应收账款	5 000		长期借款	0	
5	直接材料	1 600				
6	产成品	4 800		负债合计	5 000	
7	固定资产原值	10 000		实收资本	10 000	
8	减:累计折旧	4 000		未分配利润	10 400	
9	固定资产净值	6 000		所有者权益合计	20 400	
10	总计	25 400		总计	25 400	

(2) 参考表7-29所示,利用相应公式在表中进行计算。

表7-29　　　　　　　　　　工　作　表

单元格	公　式	单元格	公　式
C4	=现金预算!F23	C12	=C4+C5+C6+C7+C8+C11
C5	=现金预算!F21	F4	=直接材料预算!F12×(1−直接材料预算!H2)
C6	=销售预算!F6×(1−销售预算!C13)	F6	=E6+现金预算!F18−现金预算!F19
C7	=直接材料预算!G7×直接材料预算!G11	F8	=SUM(F4:F7)
C8	=产品成本预算!F9	F9	=E9
C9	=B9+现金预算!F13	F10	=E10+预计利润表!B12−现金预算!F14
C10	=B10+制造费用预算!F9	F11	=SUM(F9:F10)
C11	=C9−C10	F12	=F8+F11

(3) 预计资产负债表编制的结果如表7-30所示。其中,现金的期末余额应等于现金预算表的期末数据,年末未分配利润=期初未分配利润+净利润−股利。即:

年末未分配利润=10 400+37 800−4 000=44 200(元)

表 7-30　　　　　　　　　　　2016 年预计资产负债表　　　　　　　　　　　　单位:元

	A	B	C	D	E	F
1	资　产	年初数	期末数	负债及所有者权益	年初数	期末数
2	现金	8 000	3 450	应付账款	5 000	8 590
3	交易性金融资产	0	12 000			
4	应收账款	5 000	21 600	长期借款	0	0
5	直接材料	1 600	1 700			
6	产成品	4 800	2 040	负债合计	5 000	8 590
7	固定资产原值	10 000	30 000	实收资本	10 000	10 000
8	减:累计折旧	4 000	8 000	未分配利润	10 400	44 200
9	固定资产净值	6 000	22 000	所有者权益合计	20 400	54 200
10	总计	25 400	62 790	总计	25 400	62 790

(十一) 预计现金流量表

(1) 创建天河公司预计现金流量表,并输入期初数据,如表 7-31 所示。

表 7-31　　　　　　　　　　　预计 2016 年现金流量表　　　　　　　　　　　　单位:元

	A	B
1	现金来源及运用	
2	经营活动现金流量	
3	销售商品的现金流入量	
4	减:采购材料的现金流出	
5	支付工资的现金流出	
6	支付制造费用的现金流出	
7	支付销售及管理费用的现金流出	
8	支付税金的现金流出	
9	经营活动现金净流量小计	
10	投资活动现金流量	
11	购入交易性金融资产	
12	购置固定资产的现金流出	
13	投资活动现金净流出量小计	
14	筹资活动现金流量	
15	借入短期借款的现金流入	
16	减:偿还借款的现金流出	
17	支付利息的现金流出	
18	支付股利的现金流出	
19	筹资活动现金净流量小计	
20	现金净流量合计	

(2) 参考表 7-32 所示,利用相应公式在表中进行计算。

表 7-32　　　　　　　　　　　　　工　作　表

单元格	公式	单元格	公式
B4	＝销售预算！G12	B13	＝－现金预算！F13
B5	＝－直接材料预算！G18	B14	＝SUM(B12:B13)
B6	＝－直接人工预算！F8	B16	＝现金预算！F18
B7	＝－制造费用预算！F10	B17	＝－现金预算！F19
B8	＝－销售及管理费用预算！B16	B18	＝－现金预算！F20
B9	＝－现金预算！F12	B19	＝－现金预算！F14
B10	＝SUM(B4:B9)	B20	＝SUM(B16:B19)
B12	＝－现金预算！F21	B21	＝B10＋B14＋B20

(3) 预计现金流量表编制的结果如表 7-33 所示。现金流量表的期末净额应等于资产负债表现金的期末余额减期初余额。

表 7-33　　　　　　　　　　预计 2016 年现金流量表　　　　　　　　　　单位:元

	A	B
1	现金来源及运用	
2	经营活动现金流量	
3	销售商品的现金流入量	172 400
4	减:采购材料的现金流出	－58 510
5	支付工资的现金流出	－24 800
6	支付制造费用的现金流出	－35 680
7	支付销售及管理费用的现金流出	－18 000
8	支付税金的现金流出	－3 600
9	经营活动现金净流量小计	31 810
10	投资活动现金流量	
11	购入交易性金融资产	－12 000
12	购置固定资产的现金流出	－20 000
13	投资活动现金净流出量小计	－32 000
14	筹资活动现金流量	
15	借入短期借款的现金流入	12 000
16	减:偿还借款的现金流出	－12 000
17	支付利息的现金流出	－360
18	支付股利的现金流出	－4 000
19	筹资活动现金净流量小计	－4 360
20	现金净流量合计	－4 550

五、模拟实训与练习

远华公司生产甲产品2016年的预计价格为50元。假定2015年12月31日该公司的简略资产负债表如表7-34所示。

表7-34　　　　　　　2015年12月31日远华公司资产负债表　　　　　单位:元

资　产	金　额	负债与股东权益	金　额
现金	1 000	应付账款	5 000
应收账款	7 000	长期借款	0
存货:材料	1 338	负债合计	5 000
产成品	2 400	股本	35 000
固定资产净值	38 240	留存收益	9 978
合计	49 978	合计	49 978

已知2015年下列有关预测材料:

(1) 一至四季度甲产品预计销售量分别为400个、500个、600个和500个;甲产品的现销比例为70%。

(2) 2015年年末甲产品存货50个,期末存货成本中直接材料成本为350元,直接人工成本为450元,变动制造费用为900元,固定制造费用为700元。预计产成品存货量资料如下:甲产品2016年年末存货量为60个,其余每季末存货量均为下季销量的10%,存货按先进先出法计价。

(3) 单位甲产品直接材料消耗定额为3千克/件,材料单价为2元/千克;单位甲产品消耗人工工时2小时/件,小时工资率为4元/小时。

(4) 预计材料存货量及付款方式如下:2015年年末材料存货量669千克;预计2016年材料存货量840千克。各种材料的季末存货量均为下季度生产总耗用量的30%。每季度购买材料只需支付60%现金,余款下季度内付清。

(5) 预计制造费用、销售费用及管理费用预算如下:2016年全年变动制造费用为16 120元;固定制造费用为12 000元,其中固定资产折旧为4 000元,其余均为各季均衡发生的付现成本;销售费用及管理费用合计为800元。

(6) 其他资料如下:企业每季度预分500元股利;免交所得税;第2季度购置机器设备支出现金20 000元;根据财务制度,企业最低现金持有量为5 000元,各季季末应收账款均在下季度收回;各季度现金余额可通过归还短期借款或取得短期借款解决,借款额为1 000的倍数,借款期初发生、期末偿还,借款利率为6%。

要求:编制远华公司的①销售预算;②生产预算;③直接材料消耗及采购预算;④直接工资及其他直接支出预算;⑤制造费用预算;⑥产品生产成本预算;⑦经营费用及管理费用预算;⑧现金预算;⑨预计利润表;⑩2016年12月31日预计资产负债表。

第四章
长期筹资管理

实验八 筹资方式的选择

长期筹资对于任何企业都是必要的。企业作为筹资主体,根据其经营活动、投资活动和调整资本结构等长期需要,通过长期筹资渠道和资本市场,运用长期筹资方式,经济有效地筹措和集中长期资本。一般的长期筹资方式有长期借款筹资、股票筹资、债券筹资、留存收益、杠杆收购、融资租赁等。

一、实验目的

掌握不同借款条件对企业融资成本的影响;
掌握融资租赁租金支付大小的计算;
掌握组合框的使用;
掌握长期借款购买设备和融资租赁之间最优方案的比较与选择。

二、实验原理

(一) 长期借款的偿还

公司以长期借款方式筹集的资本属于借入资本,需要按期还本付息。长期借款的还本付息方式主要有:

1. 一次性偿付法

一次性偿付法是指在借款到期时一次性偿还本金和利息的方法。

2. 等额利息法

等额利息法是指借款期内每期末按借款利息率偿还固定利息,到期一次还本。

3. 等额本金法

等额本金法是指借款期内每期偿还固定的本金及按借款余额计算的利息。在这一还款方式下,每期偿还的本金数相等,但每年支付的利息数额随着每期剩余本金余额的减少而逐年降低。

4. 等额本息法

等额本息法是指借款期内每期偿还相等数额的款项。在这种还款方式下,每期偿还的本金和利息总额相等,但每年偿还的利息和本金各不相等。随着本金的不断偿还,每期剩余的未偿还本金逐步减少,从而每期偿还额中所包含的利息逐步减少,而每期偿还额中所包含的本金逐年增加。

(二)融资租赁

融资租赁又称资本租赁,是一种融资与融物相结合的方式,是由出租人、承租人和供应商共同组成的一种租赁。在这一业务中,与租赁有关的3个当事人分别签订具有法律效力的购买合同和租赁合同,这两个合同为一体构成融资性租赁。融资租赁与经营租赁相比,特点表现在:租赁期较长;由承租人负责租赁资产的维修、保养;禁止中途解约。融资租赁的形式一般有直接租赁、售后回租和杠杆租赁3种。

融资租赁的租金一般包括3部分:设备的购置成本、利息费用和出租人收益。租金支付的方式有按年、按半年、按季付等,也有先付和后付之分。最常见的是平均分摊法和等额年金法。

1. 平均分摊法

即将利息费、手续费及设备购置成本按支付次数平均。

$$A = \frac{(C-S)+I+F}{N}$$

式中:A——每次应付租金;

　　　C——设备购置成本;

　　　S——设备残值;

　　　N——租期。

2. 等额年金法

后付年金:

$$A = \frac{P}{(P/A, r, n)}$$

先付年金:

$$A = \frac{P}{(P/A, r, n-1)+1}$$

(三)相关函数

1. 年金中的本金函数 PPMT( )

功能:在已知期数、利率及现值的条件下,返回投资(或贷款)的每期付款额中所含有的本金。PPMT 是计算年金中本金的函数名。

语法:PPMT(rate, per, nper, pv, fv, type)。

2. 年金中的利息函数 IPMT( )

功能:在已知期数、利率及现值的条件下,返回投资(或贷款)的每期付款额中所含有的利息。IPMT 是计算年金中利息的函数名。

语法：IPMT(rate，per，nper，pv，fv，type)。

与年金函数 PMT( )联系起来，三者的关系为：

$$PMT( ) = PPMT( ) + IMPT( )$$

3. IF( )函数

功能：判断是否满足某个条件，如果满足返回一个值，如果不满足则返回另一个值。

语法：IF(logical_test，value_if_true，value_if_false)

参数：logical_test：条件，是可以产生 true 或 false 的表达式。

value_if_true："动作1"。当条件为 true 时，便执行此参数或返回此参数的结果，此参数不行省略。

value_if_false："动作2"。当条件为 false 时，便执行此参数或返回此参数的结果，该参数可以为空白或省略。省略时，若条件为 false，则整个 IF 函数返回 false 值。

说明：value_if_true 与 value_if_false 可以为任意数据，甚至可以为另一 IF 函数，以构成嵌套的判断。嵌套结构最多可为7层。

三、实验材料

（1）天河公司向银行借了一笔长期贷款 500 000，贷款利息率约定为 10%，10 年期，若贷款合约中约定还款方式分别为等额本金法和等额年金法，请按不同的还款方式编制天河公司的还款摊销表。

（2）天河公司融资租赁了一台设备，价款 2 000 000 元，租赁公司要求的回报率为 12%，10 年期，若租金按年、按半年、按季、按月付时，且租金可能为期初支付或期末支付时，天河公司每期应付多少租金？

（3）天河公司拟购置一台机器设备，设备的市场价格为 500 000 元，预计使用年限 8 年，期满无残值，采用直线法计提折旧。所得税税率为 25%。

如采用借款方式购置设备，贷款利率为 8%，采用期末分期等额方式偿还。

如采用融资租赁方式租入设备，租赁期 8 年，租赁合同约定的利率为 10%，每年年末支付租金。

要求：若折现率为 6%。根据上述条件，进行借款购置或融资租赁的决策。

四、实验步骤与实验结果

（一）长期借款筹资

（1）新建"长期借款还款摊销表"，并在相应的单元格中输入原始数据。如表 8-2 所示已知数据部分。

（2）参考表 8-1，利用相应的公式或函数在单元格中进行计算。注意在等额本金法中，可以先算偿还的本金，再估算剩余本金，用剩余本金乘以利息率估算支付的利息，最后算年偿还额。等额年金法中，在利用函数 IPMT 和 PPMT 时，如果需要求第 5 年的利息和本金数据时，函数分别为：IPMT(B3,5,B2,－B1)，PPMT(B3,5,B2,－B1)。表 8-1 中，1～10 年每年的利息和本金采用数组的方式来求即可。

表 8-1　　　　　　　　　工　作　表

单元格	公式或函数	单元格	公式或函数
E7	=B1	B8:B17	{=PMT(B3,B2,-B1)}
C8:C17	{=IPMT(B3,A8:A17,B2,-B1)}	D8:D17	{=PPMT(B3,A8:A17,B2,-B1)}
E8:E17	{=E7:E16-D8:D17}	B18	=SUM(B8:B17)
C18	=SUM(C8:C17)	D18	=SUM(D8:D17)
E22	=B1	D23:D32	{=E22/B2}
E23:E32	{=E22:E31-D23:D32}	C23:C32	{=E22:E31×B3}
B23:B32	{=C23:C32+D23:D32}	B33	=SUM(B23:B32)
C33	=SUM(C23:C32)	D33	=SUM(D23:D32)

（3）长期借款还款方式分别为等额年金法和等额本金法的摊销表结果，如表 8-2 和表 8-3 所示。

表 8-2　　　　　　　长期借款还本付息计算表(等额年金法)

	A	B	C	D	E
1	贷款金额(元)	500 000			
2	贷款年限(年)	10			
3	贷款利率(%)	10%			
4					
5	时　　间	年偿还额	支付利息	偿还本金	剩余本金
6	0	—	—	—	500 000
7	1	81 372.70	50 000	31 372.70	468 627.30
8	2	81 372.70	46 862.73	34 509.97	434 117.34
9	3	81 372.70	43 411.73	37 960.96	396 156.37
10	4	81 372.70	39 615.64	41 757.06	354 399.31
11	5	81 372.70	35 439.93	45 932.77	308 466.54
12	6	81 372.70	30 846.65	50 526.04	257 940.50
13	7	81 372.70	25 794.05	55 578.65	202 361.85
14	8	81 372.70	20 236.19	61 136.51	141 225.34
15	9	81 372.70	14 122.53	67 250.16	73 975.18
16	10	81 372.70	7 397.52	73 975.18	0
17	合计	813 726.97	313 726.97	500 000	—

表 8-3　　　　　　　　长期借款还本付息计算表(等额年金法)

	A	B	C	D	E
1	时　　间	年偿还额	支付利息	偿还本金	剩余本金
2	0	—	—	—	500 000
3	1	100 000	50 000	50 000	450 000
4	2	95 000	45 000	50 000	400 000
5	3	90 000	40 000	50 000	350 000
6	4	85 000	35 000	50 000	300 000
7	5	80 000	30 000	50 000	250 000
8	6	75 000	25 000	50 000	200 000
9	7	70 000	20 000	50 000	150 000
10	8	65 000	15 000	50 000	100 000
11	9	60 000	10 000	50 000	50 000
12	10	55 000	5 000	50 000	0
13	合计	775 000	275 000	500 000	—

结果分析：由表 8-2 及表 8-3 可以看出，等额年金法每年还款的金额相等，均为 81 372.70 元，但由于利息是由剩余本金所计算出来的，随着本金的偿还，剩余本金越来越少，因此由剩余本金计算出来的利息每年也越来越少，又由于每年付出的金额相等，则每期减少的本金越来越多。

等额年金法与等额本金法有区别，是每年还一样的本金 50 000 元，则剩余的本金减少，算出来的利息越来越少，每年还款总额为偿还的利息加本金之和，逐年减少。

(二) 融资租赁

(1) 新建立"融资租赁租金计算表"，并在相应的单元格中输入已知数据。在 D2、D3 单元格中分别输入文字"期初支付""期末支付"；在 E2、E3、E4、E5 单元格中分别输入文字"按年支付""按半年支付""按季支付""按月支付"，如表 8-5 已知数据部分所示。

(2) 选择【开发工具】菜单，点击【插入】控件包，在下拉列表中选择【组合框(窗体控件)】，当光标变为"+"字，按住鼠标左键不动，从 B3 单元格的左上角拉到右下角，画好一个组合框。右键选中组合框，选择【设置控件格式】，【数据源区域】拉选 D2:D3 数据区域，【单元格链接】选择 B3 单元格，【下拉显示项数】设置为 2，点击确定返回，支付方式的下拉列表就设置好了。同样的方法在 B4 单元格中也画一个组合框，设置控件格式时，【数据源区域】拉选 E2:E5 数据区域，【单元格链接】选择 B4 单元格，【下拉显示项数】设置为 4。当选择组合框的某一项内容时，组合框下有被遮挡的数字，选择第一项默认是数字 1，第二项为数字 2，依次类推。

(3) 参考表 8-4 所示，利用公式或函数求出每期应付租金数额。为美观或防止更改数据，可以选择 D、E 两列，点击鼠标右键，从弹出的菜单中点选【隐藏】此两列，以后若想要查看，要选中 C、F 两列，右键，从弹出的菜单中选择【取消隐藏】，即可重新展示资料。

表 8-4

单元格	公式或函数
B7	=IF(B4=1,1,IF(B4=2,2,IF(B4=3,4,12)))
B8	=B6×B7
B9	=PMT(B5/B7,B8,−B2,,IF(B3=1,1,0))

(4) 计算的结果如表 8-5 所示。选择下拉列表为期初支付,且按年支付时,应付的租金金额为 316 043.15 元,若按年支付且为期末支付租金时,每次应付租金 353 968.33 元。

表 8-5　　　　　　　　　融资租赁租金计算表

	A	B	C	D	E
1	租金(万元)	2 000 000		期初支付	按年支付
2	租金支付方式	期末支付		期末支付	按半年支付
3	租金支付次数	按年支付			按季支付
4	租赁年利率	12%			按月支付
5	租赁年限(年)	10			
6	每年付款次数(次)	1			
7	总付款次数(次)	10			
8	每期应付租金(元)	353 968.33			

(三) 筹资方式的选择

(1) 新建"筹资方式的选择"工作表,设计好模板并在相应单元格中输入已知数据,如表 8-6 所示。为了了解合同利率变化对企业筹资成本的影响,可以在 C3 及 G3 单元格分别插入一个滚动条。选择【开发工具】菜单项,【插入】控件包,从下拉列表中选择【滚动条】,当光标变成"+"形后由单元格的左上角拉到右下角。右键选中滚动条,从弹出的菜单中选择【设置控件格式】,【最小值】设为 1,【最大值】设为 30,【单元格链接】分别链接到两个滚动条所在的位置 C3 和 G3 单元格,在 B3 单元格中输入公式:=C3/100,在 F3 单元格中输入公式:=G3/100。

表 8-6　　　　　　　　　筹资方式选择工作表

	A	B	C	D	E	F	G
1	长期借款还本付息计算表				租赁融资分析计算表		
2	借款金额	500 000			租金	500 000	
3	借款年利率(%)	8%			租赁年利率(%)	10%	
4	借款年限	8			租赁年限	8	
5	所得税税率(%)	25%			所得税税率(%)	25%	
6	折现率	6%			折现率	6%	

(2) 参考表 8-7 的公式和函数,做出长期借款还本付息计算表。参考表 8-8 的公式与函数,做出融资租赁摊销计算表。

第四章 长期筹资管理

表 8-7 工 作 表

单元格	公式或函数	单元格	公式或函数
B10:B17	{=PMT(B3,B4,−B2)}	C10:C17	{=IPMT(B3,A10:A17,B4,−B2)}
D10:D17	{=SLN(B2,,B4)}	E10:E17	{=(C10:C17+D10:D17)×B5}
F10:F17	{=B10:B17−E10:E17}	G10:G17	{=PV(B6,A10:A17,,−F10:F17)}
B18	=SUM(B10:B17)	C18	=SUM(C10:C17)
D18	=SUM(D10:D17)	E18	=SUM(E10:E17)
F18	=SUM(F10:F17)	G18	=SUM(G10:G17)

表 8-8 工 作 表

单元格	公式或函数	单元格	公式或函数
B22:B29	{=PMT(F3,F4,−F2)}	C22:C29	{=IPMT(F3,A22:A29,F4,−F2)}
D22:D29	{=SLN(F2,,F4)}	E22:E29	{=(C22:C29+D22:D29)×F5}
F22:F29	{=B22:B29−E22:E29}	G22:G29	{=PV(F6,A22:A29,,−F22:F29)}
B30	=SUM(B22:B29)	C30	=SUM(C22:C29)
D30	=SUM(D22:D29)	E30	=SUM(E22:E29)
F30	=SUM(F22:F29)	G30	=SUM(G22:G29)
B31	=IF(G30<G18,"融资租赁设备","借钱购买设备")		

（3）做出的结果如表 8-9 所示。

表 8-9 工 作 表

	A	B	C	D	E	F	G
1				长期借款还本付息计算表			
2	时间	还款额	偿还利息	年折旧额	税款节约额	净现金流量	现 值
3	1	87 007.38	40 000.00	62 500	25 625.00	61 382.38	57 907.91
4	2	87 007.38	36 239.41	62 500	24 684.85	62 322.53	55 466.83
5	3	87 007.38	32 177.97	62 500	23 669.49	63 337.89	53 179.71
6	4	87 007.38	27 791.62	62 500	22 572.90	64 434.48	51 038.14
7	5	87 007.38	23 054.36	62 500	21 388.59	65 618.79	49 034.18
8	6	87 007.38	17 938.12	62 500	20 109.53	66 897.85	47 160.35
9	7	87 007.38	12 412.58	62 500	18 728.14	68 279.24	45 409.59
10	8	87 007.38	6 444.99	62 500	17 236.25	69 771.13	43 775.27
11	合计	696 059.04	196 059.04	500 000	174 014.76	522 044.28	402 971.97
12							

(续表)

	A	B	C	D	E	F	G
13		融资租赁摊销计算表					
14	时间	租金支付	应付利息	年折旧额	税款节约额	净现金流量	现 值
15	1	93 722.01	50 000.00	62 500	28 125.00	65 597.01	61 883.97
16	2	93 722.01	45 627.80	62 500	27 031.95	66 690.06	59 353.92
17	3	93 722.01	40 818.38	62 500	25 829.59	67 892.41	57 003.78
18	4	93 722.01	35 528.02	62 500	24 507.00	69 215.01	54 824.77
19	5	93 722.01	29 708.62	62 500	23 052.15	70 669.85	52 808.63
20	6	93 722.01	23 307.28	62 500	21 451.82	72 270.19	50 947.63
21	7	93 722.01	16 265.80	62 500	19 691.45	74 030.56	49 234.55
22	8	93 722.01	8 520.18	62 500	17 755.05	75 966.96	47 662.61
23	合计	749 776.07	249 776.07	500 000	187 444.02	562 332.05	433 719.85
24	结论	借钱购买设备					

(4) 结果分析:长期借款企业担负的总成本为 402 971.97 元,融资租赁租入设备企业担负的总成本为 433 719.85 元,比长期借款耗费的资金成本更高,因此选择借款买入设备。

五、模拟实训与练习

(1) 假设中财公司准备筹资购置一台设备——TY220 机床,共需要花费 2 000 000 元人民币。预计设备的使用寿命为 5 年。为了简化核算,设备按直线法计提折旧,5 年后无残值,所得税税率为 25%。

中财公司面临着两种筹资方式的选择:

举债筹资。中财公司可向银行借到购置设备所需的 2 000 000 元,年利率为 10%,在 5 年内偿还。如果中财公司购买设备,那么,预计在 5 年后报废。

租赁筹资。向租赁公司租用该设备。租赁公司给出不同厂家生产的 TY220 机床,并要求在 5 年内摊销,其要得到 10% 的资金收益率,按租赁契约规定由出租人维修设备,而中财公司不支付附加的费用,租金在期初预付。

要求:若税前折现率为 10%,所得税税率为 25%,根据上述资料,请替公司拟定一个决策。

(2) 中财公司需要安装 10 万元的设备。它可以从银行贷款获得所需的全部资金,也可以与租赁公司达成一项租赁协议。假定:

设备采用加速折旧,其寿命为 3 年。

预计折现率为 9%~10%。

中财公司的所得税税率为 25%。

假设此款是借来的,银行贷款利率为 15%,分 3 次等额偿还,每年年底支付。

暂定的租赁条件为 3 年,每年年底支付 32 万元的租金。

如果中财公司打算继续使用该设备,它要在租约到期时得到此资产,根据租赁条件,可按当时的公平市价买下设备,设备的残值为20万元。

为了协助决策者作出合适的购买或租赁决策,要求建立筹资决策模型,并通过测试和分析回答下列问题:

① 中财公司是租赁设备还是应该借款购买设备?

② 租金为多少时,购买或租赁对中财公司来说无区别(即租赁成本的现值等于购买成本的现值)? 提示:在模型中使用单变量求解工具。

③ 改变中财公司所得税税率,观察其对两方案的影响,如果所得税税率降低到0,将会产生什么样的结果?

④ 中财公司的财务管理人员对公司的折现率有不同的看法,分析折现率的变化对决策有何影响。

实验九 资本成本

资本成本是企业筹资管理的重要依据,也是企业资本结构决策的基本因素之一。它是企业筹集和使用资本的代价,包括筹资费用和用资费用两部分。资本成本一般用相对数表示,它包括:个别资本成本率。个别资本成本率是指企业各种长期资本的成本率。如股票资本成本率,债券资本成本率,长期借款资本成本率等。企业在比较各种筹资方式时,需要使用个别资本成本率。综合资本成本率。综合资本成本率是指企业全部长期资本的成本率。企业在进行长期资本结构决策时,可以利用综合资本成本率。边际资本率。边际资本成本率是指企业追加长期资本的成本率。企业在追加筹资方案的选择中,需要运用边际资本成本率。

资本成本是评价投资项目、比较投资方案和进行投资决策的经济标准。一般而言,一个投资项目,只有当其投资报酬率高于其资本成本率时,在经济上才是合理的;否则,该项目将无利可图,甚至会发生亏损。

一、实验目的

掌握个别资本成本、边际资本成本的计算;
进一步掌握 if 函数的应用;
掌握趋势线的添加方法。

二、实验原理

(一) 个别资本成本计算公式

1. 长期借款资本成本

指借款利息和筹资费。借款利息计入税前成本费用,可以起到抵税作用。
理论公式:
$$L \times (1-f) = I \times (1-T)(P/A, r, n) + L \times (P/F, r, n)$$

简化公式:
$$R_l = \frac{L \times R_l(1-T)}{L \times (1-f)}$$

式中:L——长期借款;
　　　f——筹资费率;
　　　R_l——贷款利率;
　　　T——所得税税率。

2. 长期债券资本成本
理论公式:

$$B \times (1-f) = I \times (1-T)(P/A, r, n) + B_0 \times (P/F, r, n)$$

简化公式：

$$r_b = \frac{I_b(1-T)}{B \times (1-f)}$$

式中：B_0——债券面值；

B——指债券的发行价，可能是溢价、折价或平价。

3. 优先股资本成本

$$R_p = \frac{D_p}{P_0 \times (1-f)}$$

式中：D_p——优先股股利；

P_0——优先股发行价格。

4. 普通股资本成本

$$R_{nc} = \frac{D_1}{P_0 \times (1-f)} + g$$

式中：D_1——普通股预计第 1 年股利；

g——股利增长率；

P_0——普通股发行价格。

5. 留存收益资本成本

$$R_s = \frac{D_1}{P_0} + g$$

(二) 加权平均资本成本计算公式

当企业筹资的方式不止一种时，就需要计算加权平均资本成本。加权平均资本所使用的权数有账面价值权数、市场价值权数和目标价格权数。

$$WACC = \sum_{j=1}^{n} W_j \times R_j$$

三、实验材料

(1) 天河公司需要筹资 8 000 万元投向新建项目，拟向银行借款 1 000 万元，年利率 7%，期限 5 年，每年结算一次，到期一次还本，手续费率 1%。发行 10 年期、利率 8%、面额 1 000 元的债券 2 000 万元，平价发行，发行费用率 2%；发行优先股筹资 1 500 万元，每股发行价格 25 元，预计每股股利 1.94 元，发行费用率为 4%；发行普通股筹资 3 000 万元，每股发行价 20 元，发行费用率 6%，预定每年分派现金股利率为 1.5 元。以后每年股利增长率为 4%。通过税后利润留存 500 万元。若天河公司的所得税税率为 25%，请帮天河公司测算其筹资的个别资本成本及加权平均资本成本。

(2) 三星公司拥有长期资金 1 000 万元，其中长期借款 200 万元，债券 200 万元，普通股

600万元。现需筹集新的资金用于项目投资,其追究加筹资各种筹资方式的成本分界点如表9-1所示。若用筹资的资金投资现在的4个项目,项目投资后能赚取的回报如表9-2所示。假设企业最高只能筹得3 000万元。

要求:计算企业追加筹资的边际资本成本并替企业作出投资项目选择的决策。

表9-1　　　　　　　　各种筹资方式的成本分界点表

筹资方式	个别资本筹资分界点	资本成本
长期借款	0～200	7%
	200～500	8%
	>500	9%
发行债券	0～100	10%
	>100	11%
发行普通股	0～600	10%
	600～1 500	12%
	>1 500	15%

表9-2　　　　　　　　项目投资金额与报酬率一览表

项　目	投资报酬率	投资额(万元)
A	15%	400
B	13%	500
C	11%	600
D	10%	1 200

四、实验步骤与实验结果

（一）个别及加权平均资本成本计算

(1) 创建"资本成本计算表",并在相应位置输入已知数,如表9-3所示。

表9-3　　　　　　　　资本成本计算表

	A	B	C	D	E	F
1	筹资方式	长期借款	长期债券	优先股	普通股	留存收益
2	筹资数量(万元)	1 000	2 000	1 500	3 000	500
3	利率	7%	8%	—	—	—
4	每股价格	—	—	25	20	20
5	预计每股股利	—	—	1.94	1.50	1.50
6	股利增长率	—	—	—	4%	4%

(续表)

	A	B	C	D	E	F
7	筹资费率	1%	2%	4%	6%	0
8	所得税税率	25%	25%	—	—	—
9	个别资本成本					
10	筹资总额(万元)			—		
11	资金比重					
12	加权平均资本成本		—	—	—	—

（2）参考表 9-4 所示，利用相应公式在表 9-3 中进行计算。

表 9-4　　　　　　　　　　　　　　工　作　表

单元格	公式或函数	单元格	公式或函数
B10:C10	{=B4:C4×(1−B9:C9)/(1−B8:C8)}	D10	=D6/(D5×(1−D8))
E10:F10	{=E6:F6/(E5:F5×(1−E8:F8))+E7:F7}	B11	=SUM(B3:F3)
B12:F12	{=B3:F3/B11}	B13	=SUMPRODUCT(B10:F10,B12:F12)

（3）计算结果如表 9-5 所示。

表 9-5　　　　　　　　　　　　　资本成本计算表

	A	B	C	D	E	F
1	筹资方式	长期借款	长期债券	优先股	普通股	留存收益
2	筹资数量(万元)	1 000	2 000	1 500	3 000	500
3	利率	7%	8%	—	—	—
4	每股价格	—	—	25	20	20
5	预计每股股利			1.94	1.50	1.50
6	股利增长率				4%	4%
7	筹资费率	1%	2%	4%	6%	0
8	所得税税率	25%	25%	—	—	—
9	个别资本成本	5.30%	6.12%	8.08%	11.98%	11.50%
10	筹资总额(万元)	8 000	—			
11	资金比重	12.50%	25.00%	18.75%	37.50%	6.25%
12	加权平均资本成本	8.92%	—			

结果分析：企业用长期借款、发行债券、及发行优先股、发行普通股、税后利润留存的方式筹资的成本分别为 5.3%、6.12%、8.08%、11.98%、11.5%，以这些资金的账面价值作为权数，加权平均资本成本为 8.92%。

(二) 边际资本成本的计算

(1) 新建"追加筹资项目决策表"工作簿,并建立"筹资总额分界点"在表中相应位置输入已知数。

(2) 参考表 9-6 所示的公式或函数得出计算结果,结果如表 9-7 所示。

表 9-6　　　　　　　　　　　　　　工　作　表

单元格	公式或函数	单元格	公式或函数
B11	=SUM(B3:B10)	E3	=B3/B11
E6	=B6/B11	E8	=B8/B11
F3:F4	{=D3:D4/E3}	F6	=D6/E6
F8:F9	{=D8:D9/E8}		

表 9-7　　　　　　　　　　　　　筹资总额分界点表

	A	B	C	D	E	F
1	筹资方式	现有资本额	资本成本	个别资本的筹资分界点(万元)	资本结构	筹资总额分界点(万元)
2	长期借款	200	7%	200	20%	1 000
3			8%	500		2 500
4			9%	—		—
5	发行债券	200	10%	100	20%	500
6			11%	—		—
7	普通股	600	10%	600	60%	1 000
8			12%	1 500		2 500
9			15%	—		—
10	合计	1 000				

(3) 根据表 9-7 中的结果,新建立"边际资本成本计算表",并划分好筹资总额范围,在相应的位置输入已知数。

(4) 参考表 9-8 中所示的公式或函数,在相应位置求出计算结果。在单元格 D15、D16、D17 中分别输入=＄E＄3,=＄E＄6,=＄E＄8,选中 D15:D17 单元格区域,光标移到右下角变为黑色"十"字形时,向下拖拉。

表 9-8　　　　　　　　　　　　　　工　作　表

单元格	公式或函数
D15、D18、D21、D24	=＄E＄3
D16、D19、D22、D25	=＄E＄6
D17、D20、D23、D26	=＄E＄8

(续表)

单元格	公式或函数
E15	=IF(B15<=F3,C3,IF(B15<=F4,C4,C5))
E16	=IF(B15<=F6,C6,C7)
E17	=IF(B15<=F8,C8,IF(B15<=F9,C9,C10))
E18	=IF(B18<=F3,C3,IF(B18<=F4,C4,C5))
E19	=IF(B18<=F6,C6,C7)
E20	=IF(B18<=F8,C8,IF(B18<=F9,C9,C10))
E21	=IF(B21<=F3,C3,IF(B21<=F4,C4,C5))
E22	=IF(B21<=F6,C6,C7)
E23	=IF(B21<=F8,C8,IF(B21<=F9,C9,C10))
E24	=IF(B24<=F3,C3,IF(B24<=F4,C4,C5))
E25	=IF(B24<=F6,C6,C7)
E26	=IF(B24<=F8,C8,IF(B24<=F9,C9,C10))
F15	=SUMPRODUCT(D15:D17,E15:E17)
F18	=SUMPRODUCT(D18:D20,E18:E20)
F21	=SUMPRODUCT(D21:D23,E21:E23)
F24	=SUMPRODUCT(D24:D26,E24:E26)

(5) 得到的结果如表 9-9 所示。

表 9-9　　　　　　　　　　边际资本成本计算表

	A	B	C	D	E	F
1	筹资总额范围	临界点	资本总类	资本结构	个别资本成本	综合资本成本
2			长期借款	20%	7%	
3	0~500	500	债券	20%	10%	9.40%
4			普通股	60%	10%	
5			长期借款	20%	7%	
6	500~1 000	1 000	债券	20%	11%	9.60%
7			普通股	60%	10%	
8			长期借款	20%	8%	
9	1 000~2 500	2 500	债券	20%	11%	11.00%
10			普通股	60%	12%	
11			长期借款	20%	9%	
12	>2 500	3 000	债券	20%	11%	13.00%
13			普通股	60%	15%	

(6) 在追加筹资得出的边际资本成本基础上,建立"投资项目决策表",并在相应的单元格中输入已知数。参考表 9-10 所示的公式或函数在单元格中计算。

表 9-10　　　　　　　　　　　工　作　表

单元格	公式或函数	单元格	公式或函数
D30	＝C30	D31:D33	＝C31:C33＋D30:D32
E30	＝F15	E31	＝F18
E32	＝F21	E33	＝F24
F30:F33	＝IF(E30:E33<=B30:B33,"可行","不可行")		

(7) 求出的结果如表 9-11 所示。

表 9-11　　　　　　　　　　投资项目决策表

	A	B	C	D	E	F
1	项目	投资报酬率	投资额(万元)	累计追加筹资额(万元)	边际资本成本	方案是否可行
2	A	15%	400	400	9.4%	可行
3	B	13%	500	900	10%	可行
4	C	11%	600	1 500	11%	可行
5	D	10%	1 200	2 700	13%	不可行

(8) 选中 B29:B33 数据区域,按住 ctrl 键不动,再拉选 E29:E33 数据区域,点击【插入】菜单,从【柱形图】下拉列表的二维柱形图中选择【簇状柱形图】。插好的图形如图 9-1 所示。

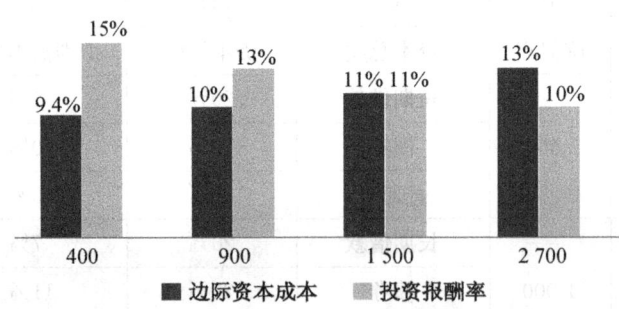

图 9-1　项目投资报酬与资本成本的关系图

结果分析:根据企业追加筹资算出来的边际资本成本,随着企业追加筹资数量的增加,筹资成本逐步升高。对投资项目来讲,只要投资回报率超过资本成本率,经济上就是合理的,因此企业可以选择 A、B、C 3 个项目。

五、模拟实训与练习

(1) 光明公司原来的资本结构为债券和普通股各占 50%,债券和普通股的金额都是

1 000万元，债券的年利率为8%，普通股每股面值1元，发行价格为10元，今年期望股利为1元/股，预计以后每年增加股利4%。该企业所得税税率为30%，假设发行的各种证券均无筹资费。该企业现拟增资400万元，以扩大生产经营规模，现有如下两个方案可供选择：

甲方案：增加发行400万元的债券，债券利率为10%，预计普通股股利不变，但普通股市价降至8元/股。

乙方案：发行债券200万元，年利率为8%，发行股票20万股，每股发行价10元，预计普通股股利不变。

要求：通过计算机的帮助计算加权平均资金成本确定哪个方案最好。

（2）天山公司目前拥有长期资金500万元，其中长期债券200万元，普通股300万元，该公司明年计划筹集新的资金，并维持目前的资本结构不变。随着筹资额的增加，各筹资方式的资金成本变化如表9-12所示。

表9-12

筹资方式	新筹资额	资金成本
债券	40万元以下	6%
	40万~100万元	8%
	100万元以上	10%
普通股	90万元以上	12%
	90万元以下	14%

要求：计算各筹资总额范围内边际资本成本。

（3）江何电器有限公司现有长期资本总额账面价值为10 000万元，其中长期借款账面价值为1 500万元，长期债券账面价值为2 000万元，优先股账面价值为1 000万元，普通股账面价值为3 000万元，留用利润账面价值为2 500万元；长期资本的市场价值为15 000万元，其中长期借款的市场价值为1 500万元，普通股市场价值为6 000万元，留用利润市场价值为3 500万元。各种长期资本成本率分别为6%，7%，10%，14%，13%。如果公司按账面价值确定资本比例，综合资本成本率是多少？如果公司按市场价值确定资本比例，综合资本成本率又是多少？

实验十　筹资决策风险分析

筹资风险是筹资活动中由于筹资规划而引起收益变动的风险。筹资风险受到经营风险和财务风险的影响。

在财务管理中,通常利用经营杠杆和财务杠杆来衡量经营风险和财务风险。其中经营风险是指由于固定生产成本的存在,导致企业销售量的变化给息税前利润带来的不确定性的影响。财务风险是由于固定筹资成本的存在,导致企业息税前利润发生变化时,对每股收益带来的不确定性影响。一般经营杠杆和财务杠杆算出来的值越大,代表风险越大。经营风险和财务风险的总和构成了企业的总风险。总杠杆主要用来反映销售量与每股收益之间的关系。总杠杆系数是经营杠杆与财务杠杆的乘积,系数值越大,每股收益随销售量增长而扩张的能力就越强,但风险也随之越大。

一、实验目的

掌握经营杠杆系数、财务杠杆系数和总杠杆系数的计算;
能够利用计算结果分析筹资决策风险。

二、实验原理

(一) 经营杠杆

由于固定成本的存在,当销售量增加时,每一个产品所分担的固定成本减少。固定成本的高低决定了营业利润对销售变动的敏感性大小,其作用程度可用经营杠杆系数来表示,公式如下:

$$DOL = \frac{\Delta EBIT/EBIT}{\Delta Q/Q} = \frac{Q(p-v)}{Q(p-v)-F} = \frac{EBIT+F}{EBIT}$$

式中：DOL——经营杠杆系数;
　　　$\Delta EBIT$——息税前利润变动额;
　　　$EBIT$——息税前利润;
　　　Q——销售量;
　　　p——单价;
　　　v——单位变动成本;
　　　F——固定成本。

公式表明,经营杠杆系数的大小受企业成本水平和销售水平的影响。当企业固定成本和单位变动成本一定时,其经营杠杆系数的大小受销售水平影响。销售量越大,经营杠杆系数就越大,经营风险随之增加。

(二) 财务杠杆

财务杠杆反映息税前利润与普通股每股收益间的关系,用来衡量息税前利润变动对普通股每股收益变动的影响程度。计算公式如下：

$$DFL = \frac{\Delta EPS/EPS}{\Delta EBIT/EBIT} = \frac{EBIT}{EBIT - I - \dfrac{D_p}{1-T}}$$

式中：DFL ——财务杠杆系数；

$\Delta EBIT$ ——息税前利润变动额；

$EBIT$ ——息税前利润；

ΔEPS ——每股收益变动额；

EPS ——每股收益；

I ——债务利息；

D_p ——优先股股息。

公式表明，息税前利润增长所引起的每股收益的增长幅度，在资本总额、息税前利润相同的情况下，负债比率越高，财务杠杆系数越大，财务风险越大，但预期每股收益也越高。

（三）总杠杆

企业存在固定成本和固定财务费用，就存在杠杆效应。其中，经营杠杆通过扩大销售影响息税前盈余，而财务杠杆通过扩大息税前盈余影响收益。如果两种杠杆共同起作用，那么销售额稍有变动就会使每股收益产生更大的变动。通常我们把这两种杠杆的连锁作用称为总杠杆作用。要运用好联合杠杆就必须分析经营杠杆和财务杠杆。当经营杠杆的风险增加，财务杠杆的风险也增加，当财务杠杆的风险增加，经营杠杆的风险必然受到影响。两个杠杆是相辅相成、相互影响的，存在互逆关系。故筹资和投资时，应相互配合使用，综合考虑它们对企业承担风险能力的影响。

由于企业总风险是经营风险和财务风险共同作用的结果，可以用总杠杆系数来衡量，总杠杆直接反映销售量与每股收益之间的关系，衡量销售量变动对普通股每股收益变动的影响程度。其公式如下：

$$DTL = DOL \times DFL = \frac{\Delta EPS/EPS}{\Delta Q/Q} = \frac{Q \times (p-v)}{EBIT - I - \dfrac{D_p}{1-T}}$$

式中：DTL ——总杠杆系数。

总杠杆系数的意义在于：首先，能够估计出销售额变动对每股收益造成的影响。其次，它使我们看到了经营杠杆与财务杠杆之间的相互关系，即为了达到某一总杠杆系数，经营杠杆与财务杠杆有很多不同的组合。比如，经营杠杆度较高的公司可以在较低的程度上使用财务杠杆；经营杠杆度较低的公司可以在较高的程度上使用财务杠杆，等等。这有待公司在考虑了各有关的具体因素之后做出选择。最后，还可以根据总杠杆系数对下一年的每股收益进行预测。

三、实验材料

（1）已知天河公司和天通公司、天坛公司均为同规模的同业企业，某期的息税前利润相同为 800 000 元，资本总额相同为 5 000 000 元，所得税税率 25%，但资本结构不同，天河公司全部是权益资产,天通公司有 50% 的债务资本,债务利率 10%,有普通股 50 000 股,天坛公司有 60% 的债务资本,债务利率 18%,有普通股 40 000 股。

要求:计算 3 家公司普通股每股收益及财务杠杆系数指标,并进行筹资风险分析。

(2) 天河公司的经营杠杆系数为 2,财务杠杆系数为 1.5,公司预测未来年度的经营前景有好、中、差 3 种可能,3 种经营前景下销售的变动率分别为 50%、20%、—10%。本年度已知的每股收益为 10 元/股,请根据有关数据替公司财务部做出预测未来年度的普通股每股收益表。

四、实验步骤与实验结果

(一) 财务杠杆系数与资本结构

(1) 创建"财务杠杆系数计算分析表",如表 10-1 所示,并在相应单元格中输入已知数据。

表 10-1　　　　　　　　　　财务杠杆系数计算与分析表

	A	B	C	D
1		天河公司	天通公司	天坛公司
2	股本	5 000 000	2 500 000	2 000 000
3	发行股数	100 000	50 000	40 000
4	债务总额	0	2 500 000	3 000 000
5	利率	0%	10%	18%
6	资本总额	5 000 000	5 000 000	5 000 000
7	息税前利润	800 000	800 000	800 000
8	所得税税率	25%		
9	计算分析			
10	债务利息			
11	税前盈余			
12	所得税			
13	税后盈余			
14	财务杠杆系数			
15	普通股每股收益			
16	总资产报酬率			
17	净资产收益率			

(2) 点击【开发工具】主菜单,从【插入】控件包下拉列表中选择【数值调节钮(窗体控件)】,光标变为黑色"+"时,从 E6 单元格的左上角拖拉到右下角,画好一个数值调节钮。右键点击数值调节钮,选择【设置控件格式】,将【当前值】设为 18,【最小值】设为 0,【最大值】设为 30,点确定返回。在 D6 单元格中输入公式:=E6/100。参考表 10-2,利用公式与函数在

其他相应的单元格中求出结果。

表10-2　　　　　　　　　　工　作　表

单元格	公式或函数	单元格	公式或函数
B11:D11	{=B5:D5×B6:D6}	B12:D12	{=B8:D8−B11:D11}
B13:D13	{=B12:D12×B9}	B14:D14	{=B12:D12−B13:D13}
B15:D15	{=B8:D8/B12:D12}	B16:D16	{=B14:D14/B4:D4}
B17:D17	{=B8:D8/B7:D7}	B18:D18	{=B14:D14/B3:D3}

(3) 计算结果如表10-3所示。

表10-3　　　　　　　　　财务杠杆系数计算与分析表

	A	B	C	D	E
1		天河公司	天通公司	天坛公司	
2	股本	5 000 000	2 500 000	2 000 000	
3	发行股数	100 000	50 000	40 000	
4	债务总额	0	2 500 000	3 000 000	
5	利率	0%	10%	18%	
6	资本总额	5 000 000	5 000 000	5 000 000	
7	息税前利润	800 000	800 000	800 000	
8	所得税税率	25%			
9	计算分析				
10	债务利息	0	250 000	540 000	
11	税前盈余	800 000	550 000	260 000	
12	所得税	200 000	137 500	65 000	
13	税后盈余	600 000	412 500	195 000	
14	财务杠杆系数	1.00	1.45	3.08	
15	普通股每股收益	6.00	8.25	4.875	
16	总资产报酬率	16%	16%	16%	
17	净资产收益率	12.00%	16.50%	9.75%	

结果分析：由表10-3计算结果可以看出：

财务杠杆系数表明息税前利润增长引起的每股盈余的增长速度，当息税前利润增长1倍时，天河公司每股盈余增长1倍，天通公司每股盈余增长1.45倍，天坛公司每股盈余增长3.08倍。

在资本总额、息税前利润相同的情况下，负债比率越高，财务杠杆系数越高。天通公司总资本中有50%的债务，债务利息比天河公司增加250 000元，使得天通公司的普通股每股利润比无债的天河公司高2.25元/股，净资产收益率也比天河公司高4.5%，这是因为天通公司的总资产报酬率16%大于债务的利息率10%，因此，通过举债产生了正的财务杠杆作用，使得普通股股东享受到了一定的利益，但同时，天通公司的财务风险也增加了。天坛公司总资本中有60%的债务，债务利息比天河公司多540 000元，同时天坛公司的普通股每股利润比天河公司少1.125元/股，净资产收益率比天河公司低2.25%，这是因为天坛公司的债务资本和债务利率均较高，债务利率18%高于总资产报酬率16%。因此，通过举债产生了负的财务杠杆作用，财务风险增大让股东遭受了损失。通过比较3家公司，天通公司的资本结构更好。

调节天坛公司的负债利息率大小调节钮，可以发现当总资产报酬率大于负债利息率时，负债带来的杠杆效应使净资产收益率上升；反之，当企业的总资产报酬率小于负债利息率时，借债会产生负的财务杠杆，有损股东利益。

负债比率是可以控制的。企业可以通过合理安排资本结构，适度负债，使财务杠杆利益抵消风险增大所带来的不利影响。

（二）普通股每股收益预测表

（1）新建"普通股每股收益预测表"，并在相应的单元格中输入已知数据。

（2）根据表10-4所示的公式和函数，在相应单元格中求出计算结果。

表10-4　　　　　　　　　　　　工　作　表

单元格	公式或函数	单元格	公式或函数
F3:F5	{=C3:C5×D3:D5}	G3:G5	{=F3:F5×E3:E5}
H3:H5	{=G3:G5×B3:B5+B3:B5}		

（3）计算结果如表10-5所示。

表10-5　　　　　　　　　　普通股每股收益预测表

	A	B	C	D	E	F	G	H
1	公司前景	EPS_0（元）	DOL	DFL	$\Delta Q/Q_0$	DTL	$\Delta EPS/EPS_0$	预计EPS_1（元）
2	好	10	2	1.5	50%	3	150%	25
3	中	10	2	1.5	20%	3	60%	16
4	差	10	2	1.5	-10%	3	-30%	7

结果分析：从以上数据可以看出，在经营杠杆和财务杠杆已定的情况下，未来普通股收益的变动方向和变动程度，取决于销售量的变动方向和变动程度。若市场前景较差，销售下滑，经营活动所赚取的息税前利润下滑更快，扣除掉财务利息后使得每股收益下降得更多。天河公司可根据预测结果控制未来的每股收益指标。

五、模拟实训与练习

（1）某工业项目年设计生产能力为生产某种产品30 000件，单位产品售价3 000元/件，总成本费用为78 000 000元，其中固定成本30 000 000元，总可变成本与产品产量成正比例关系，即单位产品可变成本为1 600元/件，当前的销量为25 000件。现在公司管理层

需要建立一个决策模型用于经营杠杆分析,模型应包含以下功能:

  计算销量为 20 000 件时的安全边际、安全边际率、经营杠杆系数;

  绘制销量——经营杠杆系数图形;

  添加微调器,当销量按步长 2 000 件从 10 000 件变化到 30 000 件时,观察图形的变化。

(2) 某公司制造一种高质量运动鞋。公司最大生产能力为 1 500 双,固定成本为 37 800 元,每双可变成本为 36 元,当前的销量为 900 双,平均销售价格为 90 元。公司管理层需要建立一个决策模型用于盈亏平衡分析,模型应包含以下功能:

  计算出销量为 800 双时的安全边际、安全边际率、经营杠杆系数;

  绘制销量——经营杠杆系数图形;

  添加微调按钮,当销量按步长 10 从 800 双变化到 2 000 双时,观察图形的变化;

  分析安全边际率与经营杠杆系数间的关系变化。

实验十一 资本结构决策

现代资本结构理论表明,企业应存在最优资本结构,但由于企业的经营条件和外部环境经常变化,因此,在实践中如何确定最佳资本结构仍是一个难题。一般来说,企业常用3种方法确定最优资本结构,包括加权平均资本成本最低、普通股每股收益最大或企业价值最大化为目标。不同类型的企业采用的方法不同。

以利润最大化为财务管理目标的企业,常常采用比较加权平均资本成本的方法来确定最优资本结构,通过计算和比较,加权平均资本成本最低的资本结构即为最佳资本结构。

以每股收益最大化为财务管理目的的企业,根据为普通股股东创造的回报大小来衡量资本结构。不同的资本结构下每股收益不同。在一定的息税前收益水平下,使得每股收益最大的资本结构即为最佳资本结构。

以企业价值最大化为财务管理目标的企业,通过对不同资本结构下企业总价值的计算与比较,选择使企业价值最大的筹资结构为最佳资本结构。

一、实验目的

掌握每股收益最大化法确认最佳资本结构;
掌握企业价值最大化法确认最佳资本结构。

二、实验原理

(一) 每股收益无差别点法

每股收益无差别点分析法是指通过寻找能够使不同资本结构下的每股收益相等时的息税前利润来确定最佳资本结构的方法。每股收益无差别点是指每股收益不受资本结构影响的息税前利润。

$$EPS = \frac{(EBIT - I)(1 - T) - D_P}{N}$$

式中:$EBIT$——息税前盈余;
I——债务利息;
T——所得税税率;
D_P——优先股股息;
N——流通在外的普通股股数。

在每股收益无差别点上,无论是采用负债融资,还是采用权益融资,每股收益都是相等的。若以 EPS_1 代表负债融资,以 EPS_2 代表权益融资,则:

$$EPS_1 = EPS_2$$
$$\frac{(EBIT^* - I_1)(1 - T) - D_1}{N_1} = \frac{(EBIT^* - I_2)(1 - T) - D_2}{N_2}$$

若预计未来的息税前收益 $>EBIT^*$，则采用负债融资；

若预计未来的息税前收益 $<EBIT^*$，则采用权益融资。

(二) 企业价值最大化法

从根本上讲，财务管理的目标在于追求企业价值最大化或股价最大化。每股盈余分析法是以每股收益的高低作为衡量标准对筹资方式进行选择。但该方法没有考虑风险因素。同时考虑企业价值、资本成本和风险的资本结构决策方法就是总价值分析法。

计算公式：

$$V = S + B$$

式中：V——企业总价值；

S——股票的总价值；

B——债券的价值。

$$S = \frac{(EBIT - I)(1 - T)}{K_s}$$

式中：K_s——权益资本成本。

采用资本资产定价模型计算：

$$K_s = R_f + \beta \times (R_m - R_f)$$

式中：R_f——无风险报酬率；

β——股票系数；

R_m——平均风险股票必要报酬率。

而公司的资本成本，则应用加权平均资本成本表示：

$$K_w = \frac{B}{V} \times K_B \times (1 - T) + \frac{S}{V} \times K_s$$

式中：K_w——加权平均资本成本；

K_B——税前的债务资本成本。

(三) 相关函数

1. 最大值函数 MAX( )

功能：返回一组数值中的最大值，忽略逻辑值及文本。

语法：MAX(number1，[number2]…)。

2. 查找函数 MATCH( )

功能：返回符合特定值特定顺序的项在数组中的相对位置。

语法：MATCH(lookup_value, lookup_array, match_type)。

参数 Match_type 有3个值，分别为1、0或-1。

1 表示查找小于或等于 lookup_value 的最大值。lookup_value 必须以升序排序；

0 表示查找精确等于 lookup_value 的第1个值。lookup_value 的顺序任意；

-1 表示查找大于或等于 lookup_value 的最小值。lookup_value 必须以降序排序。

3. 查找函数 LOOKUP( )

功能：从单行、单列或从数组中查找一个值。条件是向后兼容性。

语法：LOOKUP(lookup_value, lookup_vector, [result_vector])

4. 列查找函数 Vlookup( )

功能：VLOOKUP 函数是 Excel 中的一个纵向查找函数，它与 LOOKUP 函数和 HLOOKUP 函数属于一类函数。VLOOKUP 是按列查找，最终返回该列所需查询列序所对应的值；与之对应的 HLOOKUP 是按行查找函数。

语法：VLOOKUP(lookup_value, table_array, col_index_num, range_lookup)。

式中：Lookup_value 为需要在数据表第一列中进行查找的数值。Lookup_value 可以为数值、引用或文本字符串。

Table_array 为需要在其中查找数据的数据表。使用对区域或区域名称的引用。

col_index_num 为 table_array 中查找数据的数据列序号。col_index_num 为 1 时，返回 table_array 第一列的数值，col_index_num 为 2 时，返回 table_array 第二列的数值，以此类推。如果 col_index_num 小于 1，函数 VLOOKUP 返回错误值 #VALUE!；如果 col_index_num 大于 table_array 的列数，函数 VLOOKUP 返回错误值 #REF!。

Range_lookup 为一逻辑值，指明函数 VLOOKUP 查找时是精确匹配，还是近似匹配。如果为 false 或 0，则返回精确匹配，如果找不到，则返回错误值 #N/A。如果 range_lookup 为 TRUE 或 1，函数 VLOOKUP 将查找近似匹配值，也就是说，如果找不到精确匹配值，则返回小于 lookup_value 的最大数值。如果 range_lookup 省略，则默认为近似匹配。

三、实验材料

(1) 天星公司 2015 年的长期资本总额为 1 亿元，其中普通股 6 000 万元(240 万股)，长期债务 4 000 万元，利率 10%。假定公司所得税税率为 25%。2016 年公司预定将长期资本总额增至 1.2 亿元，需要追加筹资 2 000 万元。现有两个追加筹资方案可供选择：①发行公司债券，票面利率 12%；②增长普通股 80 万股。预计 2016 年息税前利润为 2 000 万元。

要求：测算两个追加筹资方案的每股收益无差别点。并选出最优的筹资方案。

(2) 假设天河公司 2015 年息税前利润为 500 万元，目前，该公司的全部资本均由普通股资本构成，股票账面价值为 2 000 万元，普通股股数为 100 万股，所得税税率为 25%。该公司认为目前资本结构不够合理，准备采用发行债券购回部分股票的方法予以调整。经市场调查，在不同的负债条件下，债券资本成本有关资料如表 11-1 所示。

表 11-1　不同债务水平对公司债券资本成本和股权资本成本的影响表

B(万元)	K_b	β 值	R_f	R_m
0		1.20	10%	14%
200	10%	1.25	10%	14%
400	10%	1.30	10%	14%
600	12%	1.40	10%	14%
800	14%	1.55	10%	14%
1 000	16%	2.10	10%	14%

要求：计算不同债务水平下的企业价值和综合资本成本，并确定企业最佳资本结构。

四、实验步骤与实验结果

（一）每股收益无差别点决策

（1）新建"每股收益无差别点决策模型"表，根据现有资本构成资料和备选方案资料，在相应的单元格中输入已知数据，如表 11-2 所示。

表 11-2　　　　　　　　每股收益无差别点决策模型表

	A	B	C	D	E
1	现有资本构成				
2	资本	金额（万元）	利率	股份（万股）	所得税税率
3	长期债券	4 000	10%		25%
4	普通股	6 000		240	
5	备选筹资方案				
6		资本	金额（万元）	利率	股份（万股）
7	方案 1	长期债券	2 000	12%	
8	方案 2	普通股	2 000		80

（2）公式求解时，需要在 B10:G10 中依次输入下一年预计每股收益值 2 000 万元的前后各数，参考表 11-4 所示。然后参考表 11-3 所示的公式或函数，在 B11:G12 中进行计算。

单变量求解需要先在单元格 E14 中输入公式：$= EPS_1 - EPS_2$，公式中要求解的每股收益无差别点的结果所在的单元格选择 D14。点击【数据】主菜单，选择【数据分析】，从下拉列表中选择【单变量求解】，在弹出的对话框中将【目标单元格】设置为 E14，【目标值】设为 0，【可变单元格】选择 D14，"确定"返回。

规划求解需要先在单元格 E15 中输入公式：$= EPS_1 - EPS_2$，公式中要求解的每股收益无差别点的结果所在的单元格选择 D15。点击【数据】主菜单，选择【规划求解】，在弹出的对话框中将【目标单元格】设置为 E15，【目标值设】为 0，【可变单元格】选择 D15，确定。要注意，若规划求解不在数据菜单中，则需要在"自定义快速访问工具栏"的下拉列表中选择【其他命令】，点击左列的【加载项】，【转到 EXCEL 加载项】，将"规划求解"选项打勾，确定返回，则会在数据菜单中看到"规划求解"项。如图 11-1、图 11-2、图 11-3 所示。

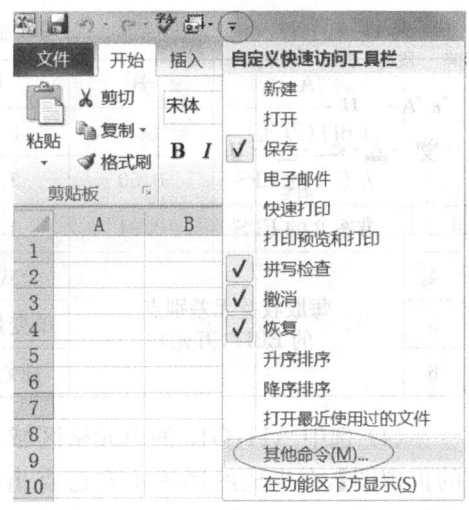

图 11-1

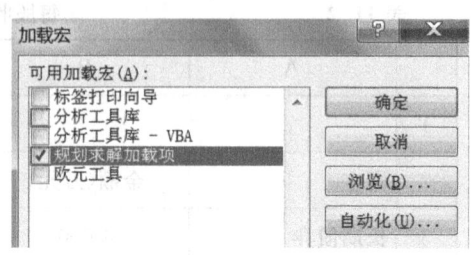

图 11-2　　　　　　　　　　　　　　　图 11-3

表 11-3　　　　　　　　　　　　工　作　表

单元格	公式或函数
B11:G11	{=(B10:G10-B3×C3-C7×D7)×(1-E3)/D4}
B12:G12	{=(B10:G10-B3×C3)×(1-E3)/(D4+E8)}
D13	=((B3×C3+C7×D7)×(D4+E8)-D4×(B3×C3))/E8
E14	=(D14-B3×C3-C7×D7)×(1-E3)/D4-(D14-B3×C3)×(1-E3)/(D4+E8)
E15	=(D15-B3×C3-C7×D7)×(1-E3)/D4-(D15-B3×C3)×(1-E3)/(D4+E8)
G15	=IF(G14=D15,"均可",IF(G14>D15,"方案 1","方案 2"))

(3) 解出的结果如表 11-4 所示。

表 11-4　　　　　　　　　　每股收益与息税前收益的关系表

	A	B	C	D	E	F	G
1	EBIT(万元)	800	1 100	1 400	1 700	2 000	2 300
2	方案 1 的 EPS	0.50	1.44	2.38	3.31	4.25	5.19
3	方案 2 的 EPS	0.94	1.64	2.34	3.05	3.75	4.45
4	每股收益无差别点的 EBIT(万元)		公式求解	1 360			
5	每股收益无差别点的 EBIT(万元)		单变量求解	1 360	0	预计 EBIT	2 000
6	每股收益无差别点的 EBIT(万元)		规划求解	1 360	0	最优方案	方案 1

(4) 选中 A11:G12 的单元格区域,点击主菜单【插入】项,选择【折线图】,【带数据标记的折现图】,在生成的图表中左键点击横轴数据选中,右键,从弹出的菜单中选择【更改数据】,在弹出的对话框中点击【编辑水平轴】,重新将水平轴的数据拉选为 B10:G10,"确定"返回。如图 11-4 所示。可以按自己的喜好加入横轴、纵轴和图表标题,并放到合适的位置。

结果分析:从表 11-4 及图 11-1 可以看出,每股收益无差别点时的息税前利润为 1 360 万元,此时两种筹资方式给股东带来的每股收益相同。当 2016 年预计息税前利润为 2 000 万元时,企业应选择负债筹资方式,即通过发行长期债券来筹得 2 000 万元的资金。此时每股收益为 4.25 元,大于发行股票筹资给股东带来的每股收益 3.75 元。

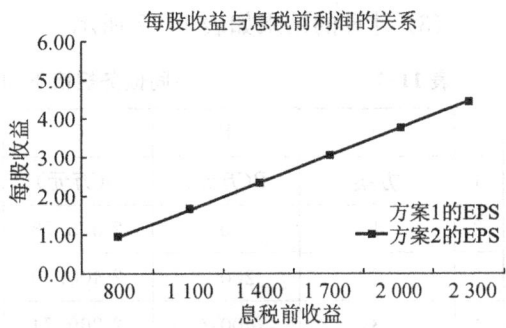

图 11-4 每股收益与息税前利润关系图

(二) 企业价值最大化决策

(1) 根据已知资料,新建"企业价值最大化决策模型"表,并在相应的位置输入已知数据,如表 11-5 所示。

表 11-5 不同债务规模下的相关资料表

	A	B	C	D	E
1	B(万元)	K_b	β	R_f	R_m
2	0	0%	1.20	10%	14%
3	200	10%	1.25	10%	14%
4	400	10%	1.30	10%	14%
5	600	12%	1.40	10%	14%
6	800	14%	1.55	10%	14%
7	1 000	16%	2.10	10%	14%
8					
9	息税前利润(万元)	500		所得税税率	25%

(2) 参考表 11-6 所示的公式或函数在相应的单元格中进行计算。

表 11-6 工 作 表

单元格	公式或函数
B13:B18	{=A3:A8}
E13:E18	{=B3:B8}
F13:F18	{=D3:D8+C3:C8×(E3:E8−D3:D8)}
C13:C18	{=(B10−B13:B18×E13:E18)×(1−E10)/F13:F18}
D13:D18	{=B13:B18+C13:C18}
G13:G18	{=B13:B18/D13:D18×E13:E18×(1−E10)+C13:C18/D13:D18×F13:F18}
B19	=MAX(D13:D18)
B20	=LOOKUP(B19,D13:D18,A13:A18) 或 =MATCH(B19,D13:D18)
G19	=VLOOKUP(B20,A12:G18,7,FALSE)
G20	=VLOOKUP(B20,A12:G18,2,FALSE)

(3) 计算的结果如表 11-7 所示。

表 11-7　　　　　　　　不同债务规模下的公司价值和综合资本成本表

	A	B	C	D	E	F	G
1	方案	B(万元)	S(万元)	V(万元)	K_B(%)	K_S(%)	K_W(%)
2	1	0	2 533.78	2 533.78	0.00%	14.80%	14.80%
3	2	200	2 400.00	2 600.00	10.00%	15.00%	14.42%
4	3	400	2 269.74	2 669.74	10.00%	15.20%	14.05%
5	4	600	2 057.69	2 657.69	12.00%	15.60%	14.11%
6	5	800	1 796.30	2 596.30	14.00%	16.20%	14.44%
7	6	1 000	1 385.87	2 385.87	16.00%	18.40%	15.72%
8	最大企业价值	2 669.74			对应的加权平均资本成本		14.05%
9	最佳方案	3			对应的负债水平		400

结果分析：从表 11-7 中可以看出，在没有负债的情况下，公司的价值等于其普通股的价值，即 2 533.78 万元。随着债务的增加，公司的价值开始逐渐增加，当债务增加到 400 万元时，公司的价值达到最大，即 2 669.74 万元。此后，随着债务的增加，公司的价值开始逐渐下降。从公司加权平均资本成本的变化可以看出，债务规模为 400 万元时，加权平均资本成本达到最低，即 14.05%。

五、模型实训与练习

(1) 河海电器公司在初创时所需资本总额为 5 000 万元，有如下 3 个筹资组合方案可供选择，有关资料经测算如表 11-8 所示。

表 11-8　　　　　　河海电器公司初始筹资组合方案资料测算表　　　　　单位：万元

筹资方式	筹资方案 1		筹资方案 2		筹资方案 3	
	初始筹资额	资本成本	初始筹资额	资本成本	初始筹资额	资本成本
长期借款	400	6%	500	6.5%	800	7%
长期债券	1 000	7%	1 500	8%	1 200	7.5%
优先股	600	12%	1 000	12%	500	12%
普通股	3 000	15%	2 000	15%	2 500	15%
合计	5 000	—	5 000	—	5 000	—

假定河海电器公司的 3 个初始筹资组合方案的财务风险相当，都是可以承受的。分别测算 3 个筹资组合方案的综合资本成本率并比较其高低，并确定最佳筹资组合方案(最佳资本结构)。

(2) 某公司目前资本来源包括每股面值 5 元的普通股 800 万股和利率为 10% 的 3 000 万元债务。该公司拟投产一个新产品，需要投资 4 000 万元，预期投产后每年息税前利润可增加 500 万元。该项目备选的筹资方案有：①按 11% 的利率发行债券；②按面值发行股利率为 12% 的优先股；③按 20 元每股的价格增发普通股。该公司目前的息税前盈余为 1 500 万元；公司适用的所得税率为 25%。

要求：测算两个追加方案下普通股每股收益，并替该公司选择一个最佳方案。

(3) 某公司目前资本全部由普通股组成，股票账面价值 1 000 万元，所得税税率 25%。预计公司每年的 EBIT 为 250 万元，且保持稳定不变，公司的税后净利将全部作为股利发放，股利增长率为零。该公司认为目前的资本结构不够合理，准备增加负债以利用财务杠杆使企业价值提高。经测算，债务的现值等于其面值，在不同的负债水平下，债务的利率 K_d 和普通股的 β 值如表 11-9 所示。

表 11-9　　　　　　　　　　不同负债水平数据表

方案	债务 B(万元)	债务利率(%)	普通股 β 值
1	0	0%	1.1
2	100	6%	1.2
3	200	8%	1.3
4	300	10%	1.5
5	400	12%	1.9
6	500	16%	2.2

同时已知证券市场的数据为：$R_f = 5\%$，平均风险股票必要报酬率为 $R_m = 15\%$，试测算该公司的最优资本结构。

第五章
长期投资管理

实验十二　债券投资

债券作为一种重要的金融工具,一般都规定有偿还期限,发行人必须按约定条件偿还本金并支付利息而且还可以在流通市场上自由转让。与股票相比,债券通常规定固定的利率,与企业绩效没有直接联系,收益比较稳定,风险较小。此外,在企业破产时,债券持有者享有优先于股票持有者对企业剩余资产的索取权。债券的收益性主要表现在两个方面:一是投资债券可以给投资者定期或不定期地带来利息收入;二是投资者可以利用债券价格的变动,通过买卖债券赚取价差。

一、实验目的

掌握债券投资到期收益率和各期投资收益的计算方法;
掌握数据调节按钮的使用;
更进一步的掌握单变量求解和规划求解在债券投资收益中的应用。

二、实验原理

(一) 到期收益率

到期收益率(Yield to maturity,YTM)是用来决定投资报酬率的一种观念,以债券等长期支付票息的投资工具为例,它假设债券持有期间自购买日起至到期日的实际收益率,若投资人在到期日之前以市价卖出该债券,则其实际收益率会与到期收益率有所出入。到期收益率的计算纳入购买价格、赎回价值、到期期限、息票收益率以及息票支付频率,所以它等于购进债券后,一直持有该债券至到期日可获取的收益率。这个收益率是按复利计算的,它是能使未来现金流入现值等于债券买入价格的贴现率。经常容易与到期收益率混淆的数字之一是当期收益率(current yield),它指证券于期初按市价买入,假设持有 1 年的情形下,当年自该证券所赚得的利息或股利的报酬率,其计算式为利息(或股利)除以期初购买价格,也称为流动收益率(running yield)。

计算到期收益率的方法是求解含有贴现率 r 的方程。

1. 到期一次还本付息（单利计息）

$$V = M \times (1 + n \times i) \times (P/F, r, n)$$

查复利现值系数表，然后利用插值法即可求得。

2. 分期付息（一年付一次息）

$$V = I \times (P/A, r, n) + M \times (P/F, r, n)$$

求解上述方程可以用"内插法"。

（二）各期投资收益

会计上确认的各期投资收益是与债券溢价与折价的摊销法有关的。

债券溢价与折价的实际利率摊销法指对债券溢价或折价在债券举债期间按期初债券账面价值和实际利率及债券面值和票面利率（即名义利率）计算的利息差来确定各期摊销溢价额或折价额的一种摊销方法。因为债券溢价或折价，是发售债券价格高于或低于债券面值的部分，是因债券票面利率高于（或低于）市场实际利率，在债券举债期间内对发行企业多付或应付利息费用的一项调整。因此，债券溢价应逐期在债券利息费用中扣除，债券折价应逐期增加债券利息费用。这种将债券溢价或折价逐期调整债券利息费用的方法，叫做"摊销"。如采用实际利率法摊销，应按如下公式计算各期摊销额：

各期摊销债券溢价额 ＝ 各期现金（利息）支出 － 各期实际利息

各期摊销债券折价额 ＝ 各期实际利息 － 各期现金（利息）支出

式中：　　各期现金（利息）支出 ＝ 债券面值 × 票面利率

各期实际利息 ＝ 期初债券账面价值 × 实际利率

期初债券账面价值 ＝ 上期初债券账面价值 －（或 ＋）上期债券溢价（或折价）摊销额

一般可根据其中的各期实际利息确认各期投资收益，但最后一期的投资收益要采用倒轧的方法。

债券溢价与折价的直线摊销法指对债券溢价或折价总额按债券举债期间平均分摊的方法。会计上可按每期利息减去（或加上）每期平均溢价（或折价）摊销额即可求得各期投资收益。

三、实验材料

天河公司 2015 年 1 月 3 日购入天星公司 2015 年 1 月 1 日发行的 5 年期债券，票面利率 10%，债券面值 1 000 元，企业按 1 100 元的价格购入 50 张。该债券每年付息一次，最后一年还本金并支付最后一次利息。天星公司按年计算利息。

要求：(1) 计算天河公司 2015 年 1 月 3 日购入债券的到期收益率。

(2) 分别计算按实际利率法与直线法摊销溢价时各期投资收益。

四、实验步骤与实验结果

（一）到期收益率的计算

新建"到期收益率"计算表，并在相应的位置输入已知数据。可参考结果表 12-2 中已知数据部分。

参考表 12-1 中的公式或函数，并在相应的单元格中求出结果。

表 12-1　　　　　　　　　　　　工　作　表

单元格	公式或函数	单元格	公式或函数
B9	＝B4×B6	B10	＝B5×B6
B13;I13	{＝PV(B12:I12,B7,－B9×B3,－B9)}	C14	＝H12＋(H13－B10)/(H13－I13)×(I12－H12)
B16	＝D16/100＋F16/10000＋H16/1000000	B17	＝PV(B16,B7,－B9×B3,－B9)
C18	＝PV(B18,B7,－B9×B3,－B9)	C19	＝PV(B19,B7,－B9×B3,－B9)
B20	＝RATE(B7,－B9×B3,B10,－B9)		

表 12-2 中用了 5 种方法求解债券到期收益率。插值法、单变量求解、规划求解、Rate 函数的用法与前面章节中出现的方法相同。对微调按钮测算到期收益率的方法操作如下：

(1) 在主菜单上单击【开发工具】。点击【插入】控件包，选择【数值调节钮（窗体控件）】，光标变为"＋"字形时，从单元格 C16 的左上角拖到右下角。采用同样操作分别在单元格 E16、单元格 G16 创建相同的微调项。

(2) 右击单元格 C16 的微调项，然后单击小菜单上的【设置控件格式】。单击【控制】选项卡，在【最大值(X)】的选择框中将最大值设为 100，在【单元格链接】的编辑框中输入 D16。采用同样操作将单元格 E16 的微调项链接到单元格 F16、将单元格 G16 的微调项链接到单元格 H16，【最大值】分别选为 100。

(3) 在单元格 B16 中输入：＝D16/100＋F16/10 000＋H16/1 000 000。选中单元格 B16，右键，从弹出的菜单中选择【设置单元格格式】，选择【百分比】，小数位数选 4，单击确定。

(4) 在单元格 B17 中输入：＝PV(B16,B7,－B9×B3,－B9)。

(5) 测算到期收益率。分别调整单元格 C16、D16 和 G16 中的"上/下箭头按钮"，同时观察单元格 B17 中债券价值数值的变化。当单元格 B17 中债券价值的数值等于实际总购价 55 000 元，停止调整。此时，单元格 B16 中的数值即为到期收益率。

计算结果见表 12-2。

表 12-2　　　　　　　　　　　　到期收益率计算表

	A	B	C	D	E	F	G	H	I
1	输入值								
2	年票面利率(%)	10%							
3	债券面值	1 000							
4	每张购价	1 100							
5	购入张数	50							
6	付息总次数	5							

(续表)

	A	B	C	D	E	F	G	H	I
7	输出值								
8	债券总面值	50 000							
9	实际总计价	55 000							
10	不同贴现率下债券价值(即:到期应收本金与各期应收利息的现值之和)								
11	贴现率(%)	1%	2%	3%	4%	5%	6%	7%	8%
12	债券价值	71 840	68 854	66 029	63 355	60 824	58 425	56 150	53 993
13	插值法求到期值收益率		7.53%						
14	利用微调按钮测算到期收益率								
15	贴现率	7.5265%		7		52		65	
16	债券价值	55 000							
17	单变量求解	7.53%	55 000						
18	规划求解	7.53%	55 000						
19	函数法求解	7.53%							

结果分析:企业溢价购入的债券若持有至到期的收益率为7.53%。

(二) 投资收益的确认

(1) 建立"投资收益的确认"工作表,并在相应的位置输入已知数。

(2) 参考表12-3所示的公式或函数,在相应的单元格中求出结果。在实际利率摊销法下,每期的应收利息相同,均为账面价值×票面利息率。投资收益是上年面值与未摊销价值之和×实际收益率,则溢价摊销为应收的利息减去投资收益。最后1年,需要倒挤出D19单元格的溢价摊销及C19单元格的投资收益,因而这两单元格无法与其他单元格一同使用数组进行计算。D19单元格就等于E18还未摊销完的部分,或者=E14−D15−D16−D17−D18得出。再倒挤出C19=B19−D19。

表12-3　　　　　　　　　工　作　表

单元格	公式或函数	单元格	公式或函数
B9	=B4×B6	B10	=B5×B6
B11	=B10−B9	B15:B19	{=B9×B3}
C15:C18	{=F14:F17×到期收益率的计算!B16}	D15:D18	{=B15:B18−C15:C18}
E14	=B11	E15:E19	{=E14:E18−D15:D19}
F14:F19	{=B9+E14:E19}	D19	=E18
C19	=B19−D19	B20	=SUM(B15:B19)
C20	=SUM(C15:C19)	D20	=SUM(D15:D19)
A23	=B9×B3	B23	=B11/B7
C23	=A23−B23		

(3) 计算出的结果如表 12-4 所示。

表 12-4　　　　　　　　　　投资收益确认表

	A	B	C	D	E	F
1	输入值					
2	年票面利率	10%				
3	债券面值	1 000				
4	每张购价	1 100				
5	购入张数	50				
6	付息总次数	5				
7	输出值					
8	债券总面值	50 000				
9	实际总购价	55 000				
10	总溢价	5 000				
11	实际利率摊销法下确认的各期投资收益					
12	计息日期	应收利息	投资收益	溢价摊销	未摊销溢价	面值与未摊销溢价之和
13	2011.01				5 000	55 000
14	2011.12	5 000	4 140	860	4 140	54 140
15	2012.12	5 000	4 075	925	3 214	53 214
16	2013.12	5 000	4 005	995	2 220	52 220
17	2014.12	5 000	3 930	1 070	1 150	51 150
18	2015.12	5 000	3 850	1 150	0	50 000
19	合计	25 000	20 000	5 000		
20	直线摊销法下各期投资收益					
21	每期利息	每期溢价摊销	每期投资收益			
22	5 000	1 000	4 000			

五、课外实训与练习

(1) 假设天宏公司以 1 050 元的价格购进了 15 年后到期,票面利率为 12%,面值为 1 000 元,每年付息 1 次,到期 1 次还本的某公司债券。若公司购进后会一直持有该种债券直至到期日。要求:计算该债券的到期收益率。

(2) 接上例,若天宏公司持有的这批债券目前价格为 1 000 元,预计 5 年后市场利率会从 12% 下降到 8%,债券一定会被赎回,若债券赎回价格为 1 120 元,求债券被赎回时的收益率为多少?

实验十三 投资项目决策

企业财务管理的目标是要实现企业价值最大化,为了实现这一目标,管理者必须作出正确和适当的投资决策。这里指的投资是指资本支出、实物资产投资或项目投资。在市场经济条件下,公司能否把筹集到的资金投放到提高公司价值的项目上去,对企业的生存和发展十分重要。项目投资评价的指标包括贴现指标和非贴现指标。贴现指标主要指净现值、内含报酬率和现值指数;非贴现指标主要指静态回收期和会计收益率。一般贴现指标为主要判断指标,非贴现指标为辅助判断指标。

一、实验目的

掌握利用函数进行投资项目的可行性分析的方法;
掌握固定资产更新决策的方法;
掌握多条件的规划求解;
掌握折旧的各种函数。

二、实验原理

(一) 现金流量的计算公式

$$CF = S - TC_{付} - Tax$$
$$CF = NP + Dep$$
$$CF = (S - TC_{付}) \times (1 - T) + Dep \times T$$

式中:CF——每期现金净流量;
S——销售收入;
$TC_{付}$——付现总成本;
NP——净利润;
Dep——折旧。

(二) 投资决策指标

投资决策是对各个方案进行分析和评价,并从中选择最优方案的过程。在投资决策过程中,要用到投资决策评价指标,这些指标是用来衡量和比较投资项目可行性、据以进行方案决策的定量化标准与尺度。

1. 净现值(NPV)

净现值是投资方案贴现后的净收益。净现值法可用于评价方案的优劣。如果某项投资只有一个方案,则该方案的净现值大于零即可;在互斥方案中,选择净现值最大的方案为最优方案。

计算公式:

$$NPV = \sum_{t=0}^{n} \frac{NCF_t}{(1+i)^t}$$

式中：n——项目周期；

NCF_t——第 t 期现金净流量；

i——资本成本或投资必要收益率。

2. 现值指数(PI)

现值指数是未来现金流入现值与现金流出现值的比率。它反映投资的效率。判断每投入 1 元成本创造的回报是多大。利用现值指数可进行独立投资机会获利能力的比较。现值指数大于 1 时，方案可行。

计算公式：

$$PI = \frac{\sum \frac{NCF_t}{(1+i)^t}}{IC}$$

式中：PI——现值指数；

IC——投资成本现值。

3. 内含报酬率(IRR)

内含报酬率是使未来现金流入量现值等于未来现金流出量的贴现率。揭示投资方案本身所固有的真实报酬率水平。反映其内在的获利水平。若内含报酬率大于企业所要求的最低报酬率(净现值中所使用的贴现率)，就接受该投资项目；若内含报酬率小于企业所要求的最低报酬率，就放弃该项目。实际上内含报酬率大于贴现率时接受 1 个项目，也就是接受了 1 个净现值为正的项目。

净现值和现值指数法虽然考虑了货币时间价值，可以说明方案高于或低于某一特定的标准，但没有揭示方案本身可以达到的真实的报酬率。内含报酬率是根据方案的现金流量计算出的，是方案本身的真实投资报酬率。

4. 投资回收期(n)

回收期是指投资引起的现金流入累积到与投资额相等所需要的时间。它代表收回投资所需要的年限。回收年限越短，方案越有利。投资回收期有不考虑折现的静态投资回收期(SPP)和考虑折现的动态投资回收期(DPP)之分。

对于单一方案而言，若回收期小于行业平均回收期或投资者期望的回收期，则方案可行；如果是多个方案，则选择回收期最短的。

5. 会计收益率(ARR)

会计收益率是投资项目年平均会计净收益与原始投资额的比率。如果会计收益率大于基准会计收益率，则应接受该项目，反之则应放弃。互斥方案中选择会计收益率最高的项目。

(三) 有关财务函数

1. 净现值函数 NPV( )

功能：通过使用贴现率以及一系列未来支出和收入，返回一项投资的净现值。

语法：NPV(rate, value1, value2, …)。

2. 内含报酬率函数 IRR( )

功能：返回由数值代表的一组现金流的内部收益率。这些现金流不必为均衡的，但作为年金，它们必须按固定的间隔产生，如按月或按年。内部收益率为投资的回收利率，其中包含定期支付和定期收入。

语法：IRR(values，guess)。

3. 直接折旧法函数 SLN( )

功能：返回某项固定资产每期按直线折旧法计算的折旧数额。所有的参数值必须是正数，否则将返回错误值♯NUM!。

语法：SLN(cost，salvage，life)。

参数：cost 为固定资产的原始成本。

salvage 为固定资产报废时的预计净残值。

life 为固定资产可使用年限的估计数。

4. 年限总和折旧法函数 SYD( )

功能：返回某项固定资产某期间的按年数总和法计算的折旧数额。函数中所有参数都应为正数，否则将返回错误值♯NUM!。

语法：SYD(cost，salvage，life，per)。

参数：cost 为固定资产的原始成本。

salvage 为固定资产报废时的预计净残值。

life 为固定资产可使用年限的估计数。

per 为指定要计算第几期折旧数额。

life 与 per 参数应采用相同的单位，且 per 应小于或等于 life。

5. 双倍余额递减法函数 DDB( )

功能：返回固定资产在某期间的折旧数额。折旧数额是根据资产的原始成本、预计使用年限、预计净残值及递减速率、按倍率递减法计算得出的。DDB 所有的参数均需为正。

语法：DDB(cost，salvage，life，period，factor)。

参数：cost 为固定资产的原始成本。

salvage 为固定资产报废时的预计净残值。

life 为固定资产可使用年限的估计数。

period 指所要计算折旧的期限。Period 必须与 life 参数采用相同的计量单位。

factor 参数为选择性参数，缺省值为 2，即为"双倍余额递减法"，但用户可改变此参数。

6. 倍率余额递减法函数 VDB( )

倍率余额递减法是指以不同倍率的余额递减法计算某个时期内折旧额的方法。双倍余额递减法是倍率等于 2 的倍率余额递减法函数，是倍率余额递减法的特例。

功能：返回某固定资产某个时期内(start_period 与 end_period 之间)的折旧数额。如果 factor 被省略，此函数将根据该资产的原始成本及使用年限、预计净残值，采用双倍余额递减法计算折旧数额。

语法：VDB(cost，salvage，life，start_period，end_period，factor，no_switch)。

说明：VDB( )函数的概念类似 DDB( )，都采用某倍率(factor)余额递减法来进行折旧，但 VDB( )函数可计算某一期间的折旧额，而 DDB( )函数只计算某一期。

VDB( )函数亦为加速折旧法,其公式为:

$$(cost - 前期折旧总数) \times \frac{factor}{life}$$

如果 factor 被省略,将假设为 2(双倍余额递减法)。

如果 no_switch 为 false 或被省略,则当直线折旧数额大于倍率余额递减法算出的折旧时,VDB 函数会将折旧数额切换成直线法的折旧数额。

如果 no_switch 为 true,即使直线折旧数额大于倍率余额递减法算出的折旧,VDB 函数也不会将折旧数额切换成直线法的折旧数额。

除了 no_switch 参数为选择性参数外,其他的参数都必须为正数,否则会返回 #NUM! 错误值。

三、实验材料

(1) 某投资公司现有 A、B、与 C 3 个互斥投资项目可供选择,假设这 3 个投资项目的当前(第 0 年)投资金额与今后 3 年(第 1 至第 3)的预期回报分别如表 13-1 所示。试建立一个决策模型,当公司使用的贴现率在 1%~15% 范围内,选出这 3 个项目中最优的投资项目。

表 13-1   项目 A、B、C 的投资回报数据表

项　　目	初始投资额(万元)	预期回报(万元)		
		第 1 年	第 2 年	第 3 年
项目 A	1 800	1 300	900	500
项目 B	1 800	1 200	1 000	1 000
项目 C	200	600	400	200

(2) 某公司现有 A、B、C 3 个投资项目可供选择,这些项目的初始(第 0 年)投资额与第 1 年继续投入的资金额以及它们在第 1、第 2 年的现金收入如表 13-2 所示。

表 13-2   项目 A、B、C 的投资回报数据表

	现金付出(元)		现金收入(元)	
	第 0 年	第 1 年	第 1 年	第 2 年
项目 A	−21 000	−50 000	23 000	78 000
项目 B	−50 000	−35 000	10 000	115 000
项目 C	−40 000	−15 000	10 500	80 000

这 3 个项目在第 2 年以后将不再获得收入(即它们的有效期都等于两年)。试在公司资本成本率等于 15% 的条件下确定 3 个投资项目中的最优者。此外,如果公司贴现率有可能在 5%~40% 范围内变化的话,试分析在此变化过程中最优投资项目的可能变化。

(3) 天河公司有 5 个可供选择的项目 A、B、C、D、E,5 个项目彼此独立,公司的初始投资限额为 400 000 元。详细情况如表 13-3 所示。

表 13-3　　　　　　　　　　天河公司的 5 个投资项目表

投资项目	初始投资(元)	获利指数(PI)	净现值(NPV)
A	120 000	1.56	67 000
B	150 000	1.53	79 500
C	300 000	1.37	111 000
D	125 000	1.17	21 000
E	100 000	1.18	18 000

要求：根据投资限额，请为天河公司找到最佳的投资项目组合。

（4）天河公司有一固定资产原始成本 20 000 元，预计净残值 600 元，使用期限为 5 年，比较在直线折旧法、年数总和法和双倍余额递减法 3 种不同折旧方法下的折旧额并做出图形。

（5）天河公司考虑用一台新的效率更高的设备来代替旧设备，以减少成本，增加收益。旧设备采用直线法计提折旧，新设备采用年数总和法计提折旧，公司的所得税税率为 25%，资本成本率为 10%，不考虑营业税的影响，其他情况如表 13-4 所示，要求作出该公司是否继续使用旧设备还是对其进行更新的决策。

表 13-4　　　　　　　　　设备更新的相关数据表　　　　　　　　　单位：元

项　目	旧设备	新设备
原价	50 000	70 000
可用年限	10	4
已用年限	6	0
尚可使用年限	4	4
税法规定残值	0	7 000
目前变现价值	20 000	70 000
每年可获得的收入	40 000	60 000
每年付现成本	20 000	18 000

四、实验步骤与实验结果

（一）净现值投资评价模型

（1）建立新的"净现值投资评价模型"表，并在表中输入已知数据。

（2）在【开发工具】主菜单中点选【插入】控件包，在下拉菜单中选择【数值调节按钮（窗体控件）】，当光标变为黑色"＋"字形时，从 E2 单元格的左上角拉到右下角。右键选择画好的数值调节钮，选择【设置控件格式】，【最小值】设为 1，【最大值】设为 15，【步长】为 1，【单元格链接】到 E2 单元格，单击确定。

(3) 其他单元格参考表 13-5 所示的公式或函数按顺序得出相应的计算结果。

表 13-5　　　　　　　　　　　　　　工　作　表

单元格	公式或函数	单元格	公式或函数
F2	=E2/100	F6	=NPV($F$2,C6:E6)+B6
F7	=NPV($F$2,C7:E7)+B7	F8	=NPV($F$2,C8:E8)+B8
F3	=MAX(F6:F8)	F4	=INDEX(A6:A8,MATCH(F3,F6:F8,0))

(4) 计算的结果如表 13-6 所示。

表 13-6　　　　　　　　　　　　净现值投资评价模型表

	A	B	C	D	E	F
1	贴现率					5%
2	最大净现值					1 113.72
3	实现该净现值最大值的项目					项目 B
4		第 0 年	第 1 年	第 2 年	第 3 年	NPV
5	项目 A	−1 800	1 300	900	500	686.34
6	项目 B	−1 800	1 200	1 000	1 000	1 113.72
7	项目 C	−200	600	400	200	907.01

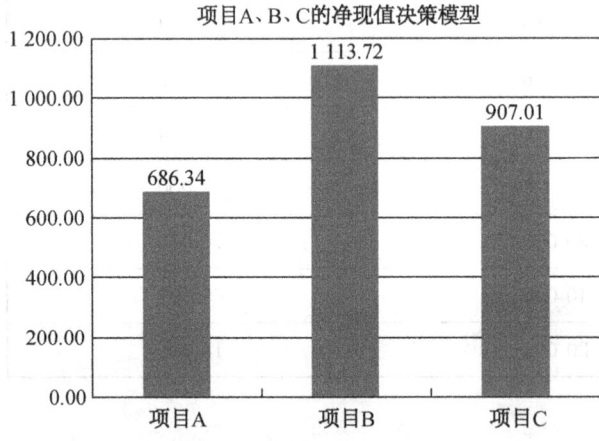

图 13-1　A、B、C 项目的净现值大小

(5) 按住"ctrl"键,用鼠标选择 A6:A8 与 F6:F8 两列区域,点击【插入】主菜单,依次选择【图表】,【柱形图】,对生成的图表可以添加横坐标、纵坐标等进行美化,在柱形图上点右键,选择【添加数据标签】。如图 13-1 所示。

结果分析:当贴现率为 5% 时,B 项目净现值最大,为最优投资项目。调节数值调节按钮,随着贴现率的上升,3 个项目的净现值均发生变化,当贴现率超过 11% 时,C 项目的净现值最大,为最佳项目。

(二) 内含报酬率决策模型

(1) 建立"IRR 评价模型"表,并在表中输入已知数据。

(2) 在【开发工具】主菜单中找到【滚动条】并在 C7 单元格中画好。右键选择滚动条,【设置单元格格式】,【最小值】设为 5,【最大值】设为 40,【步长】为 1,【页步长】设置为 5,【单元格链接】到 C7 单元格,确定返回。其他单元格参考表 13-7 所示的公式或函数进行相应的计算。

表 13-7　　　　　　　　　　　工　作　表

单元格	公式或函数	单元格	公式或函数
B7	=C7/100	E4	=NPV($B$7,C4:D4)+B4
F4	=IRR(B4:D4)	E5	=NPV($B$7,C5:D5)+B5
F5	=IRR(B5:D5)	E6	=NPV($B$7,C6:D6)+B6
F6	=IRR(B6:D6)	E7	=MAX(E4:E6)
F7	=IF(E7>0,INDEX(A4:A6,MATCH(E7,E4:E6,0))&"最优","3个方案均不可取")		
F8	=IRR(B4:D4-B5:D5)	E9	=NPV(F8,C4:D4)+B4
F10	=IRR(B5:D5-B6:D6)	E11	=NPV(F10,C5:D5)+B5
F12	=IRR(B4:D4-B6:D6)	E13	=NPV(F12,C4:D4)+B4

(3) 计算的结果如表 13-8 所示。

表 13-8　　　　　　　　　　　IRR 投资评价模型表

	A	B	C	D	E	F
1			NCF		NPV	IRR
2		第 0 年	第 1 年	第 2 年		
3	项目 A	−21 000	−27 000	78 000	10 666.67	38.88%
4	项目 B	−50 000	−25 000	115 000	9 027.78	28.70%
5	项目 C	−40 000	−4 500	80 000	11 805.56	35.91%
6	折现率	20%		最大 NPV 值	11 805.56	项目 C 最优
7				A、B 曲线交点		16.45%
8				A、B 曲线交点处 NPV	13 329.74	
9				B、C 曲线交点		10.82%
10				B、C 曲线交点处 NPV	21 078.04	
11				A、C 曲线交点		26.73%
12				A、C 曲线交点处 NPV	6 262.84	

(4) 在 C14:J14 中分别输入 5%、10%、15%,一直到 40%,在 B15 中输入公式"=E4",在 B16 中输入公式"=E5",在 B17 中输入公式"=E6",选择 B14:J17 单元格区域,点击【数据】主菜单,选择【模拟分析】,【模拟运算表】,在弹出的对话框中,对【输入引用行的单元格】处选择 B7 单元格,确定返回。在不同折现率的情况下,3 个项目的净现值表如 13-9 所示。

表 13-9　　　　　　　　　　　　　3 个项目的净现值表

	A	B	C	D	E	F	G	H	I	J
14	项目	NPV	5%	10%	15%	20%	25%	30%	35%	40%
15	A	10 666.7	24 034.0	18 917.4	14 500.9	10 666.7	7 320	4 384.6	1 798.4	−489.8
16	B	9 027.8	30 498.9	22 314.0	15 217.4	9 027.8	3 600	−1 183.4	−5 418.4	−9 183.7
17	C	11 805.6	28 276.6	22 024.8	16 578.4	11 805.6	7 600	3 875.7	562.4	−2 398.0

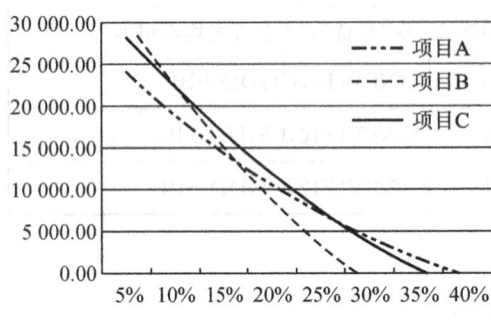

图 13-2　各项目的净现值曲线图

（5）选择 C14:J17 的单元格区域，点击【插入】主菜单，选择【散点图】，选择【带平滑线的散点图】，生成"各项目的净现值曲线图"，可以根据自己的喜好对图表进行修饰。如图 13-2 所示。

结果分析：当点击滚动条，让贴现率变动，3 个项目的净现值发生相应的变动，当贴现率小于 10.82% 时，项目 B 的净现值最大，为最优项目；当贴现率在 10.82%～26.73% 之间时，项目 C 的净现值最大，为最优项目；当贴现率介于 26.73%～38.88% 时，项目 A 的净现值最大，为最优项目；否则 3 个方案净现值均小于零，均不可取。

（三）资本限额决策模型

（1）新建"资本限额投资决策模型表"，并在表中输入已知数据。

（2）参考表 13-10 所示的公式或函数，在相应的单元格中进行计算。

表 13-10　　　　　　　　　工　作　表

单元格	公式或函数
F3:F7	{=B3:B7/B9}
F8	=SUM(F3:F7)
G3	=IF(E3=1,F3,0)
G4	=IF(E4=1,F4,0)
G5	=IF(E5=1,F5,0)
G6	=IF(E6=1,F6,0)
G7	=IF(E7=1,F7,0)
G8	=SUM(G3:G7)
B10	=SUMPRODUCT(B3:B7,E3:E7)
B11	=SUMPRODUCT(D3:D7,E3:E7)
B12	=SUMPRODUCT(C3:C7,E3:E7,G3:G7)+(1−G8)×1

（3）单元格中的公式输完后，点击【数据】主菜单，选择【规划求解】，参考图 13-3 所示的设置，将净现值设为【最大值】，添加 4 个约束条件，点【求解】返回。单元格为整数的条件可

以参考图 13-4 所示。

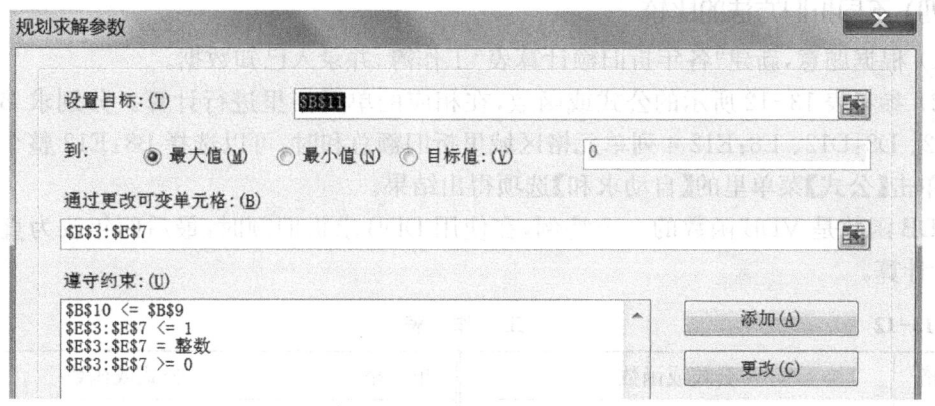

图 13-3　规划求解条件图

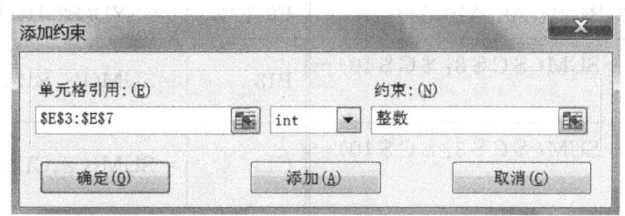

图 13-4　添加值为整数的条件图

（4）计算的结果如表 13-11 所示。

表 13-11　　　　　　　　　　资本限额投资决策模型表

	A	B	C	D	E	F	G
1	投资项目	初始投资	PI	NPV	选择项目	项目投资占投资总额的比例	项目投资占实际投资的比例
2	A	120 000	1.56	67 000	1	30.00%	30.00%
3	B	150 000	1.53	79 500	1	37.50%	37.50%
4	C	300 000	1.37	111 000	0	75.00%	0.00%
5	D	125 000	1.17	21 000	1	31.25%	31.25%
6	E	100 000	1.18	18 000	0	25.00%	0.00%
7	合计					198.75%	98.75%
8	投资限额	400 000					
9	使用资金	395 000					
10	NPV 合计	167 500					
11	PI 合计	1.42					

结果分析：当资金量有限制时，A、B、D 3 个项目组合使用的资金量最大，获得的净现值

最多,此时的总净现值为 167 500 元,使用总投资资金为 395 000 元。

(四) 不同折旧方法的比较

(1) 根据题意,新建"各年折旧额计算表"工作簿,并录入已知数据。

(2) 参考表 13-12 所示的公式或函数,在相应的单元格里进行计算。分别求 B8:B12、C8:C12、D8:D12、E8:E12 4 列单元格区域里折旧额总和时,可以选择 B8:E12 整个单元格区域,单击【公式】菜单里的【自动求和】选项得出结果。

DDB 函数是 VDB 函数的一个特例,在使用 DDB 求折旧额时,最后两年改为直线折旧法进行计算。

表 13-12　　　　　　　　　　　　工　作　表

单元格	公式或函数	单元格	公式或函数
B8:B12	{=VDB(B2,B4,B3,A7:A11,A8:A12,2,FALSE)}	D8:D12	{=SLN(B2,B4,B3)}
C8:C10	{=DDB(B2,B4,B3,A8:A10,2)}	E8:E12	{=SYD(B2,B4,B3,A8:A12)}
C11	=($B$2-SUM($C$8:$C$10)-$B$4)/2	B13	=SUM(B8:B12)
C12	=($B$2-SUM($C$8:$C$10)-$B$4)/2	C13	=SUM(C8:C12)
D13	=SUM(D8:D12)	E13	=SUM(E8:E12)

(3) 计算的结果如表 13-13 所示。

表 13-13　　　　　　　　　　　　计 算 结 果 表

	A	B	C	D	E
1		各年折旧额			
2	原始成本(元)	20 000			
3	使用年限(年)	5			
4	残值(元)	600			
5		不同方法下的折旧额			
6	年份	双倍余额递减法	直线法	年数总和法	
7	0	VDB	DDB	SLN	SYD
8	1	8 000	8 000	3 880	6 467
9	2	4 800	4 800	3 880	5 173
10	3	2 880	2 880	3 880	3 880
11	4	1 860	1 860	3 880	2 587
12	5	1 860	1 860	3 880	1 293
13	合计	19 400	19 400	19 400	19 400

(4) 选中 C8：E12 数据区域，在主菜单栏点击【插入】菜单，选择【拆线图】，如图 13-5 所示。

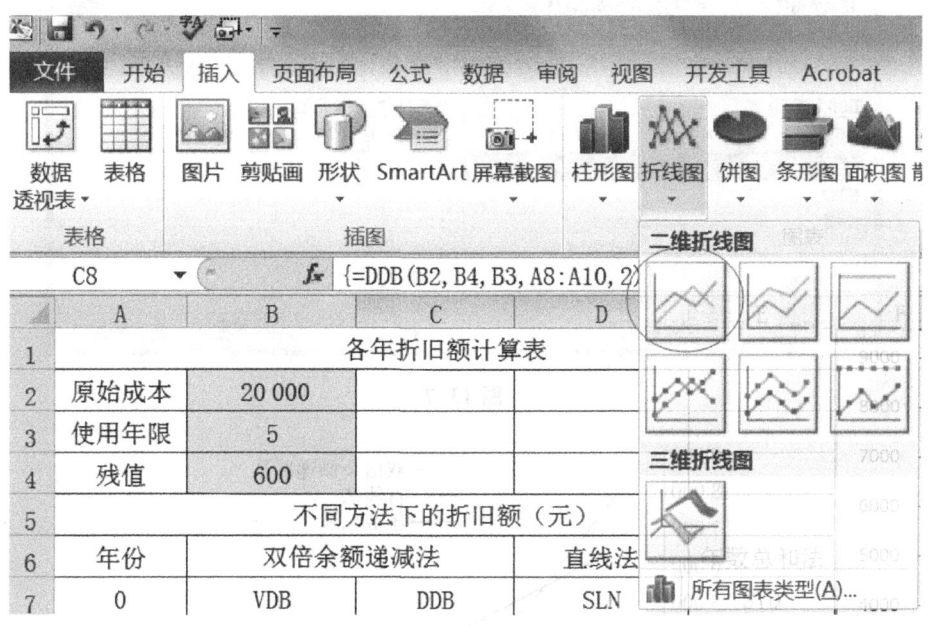

图 13-5　插入拆线图

在生成的图形图例上点击右键，在弹出的菜单里单击【选择数据】，如图 13-6 所示。

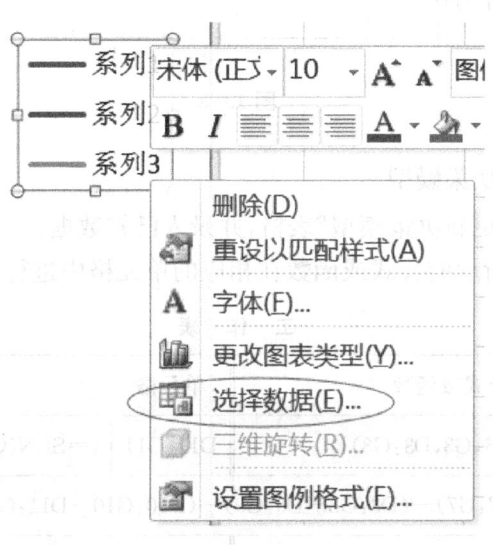

图 13-6

如图 13-7 所示，从弹出的对话框中选择【系列 1】，点击【编辑】，在【系列名称】里选择 B6 单元格，确定。同理，将系列 2 的名称选 D6，系列 3 的名称选 E6 单元格，同时，对右边【水平分类轴标签】点击【编辑】，重新选择 A8：A12 单元格作为横轴，确定返回。生成的图形如图 13-8 所示。

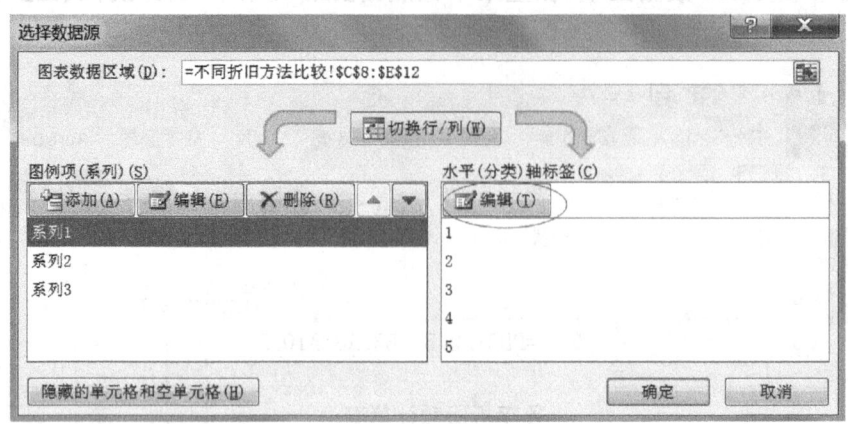

图 13-7

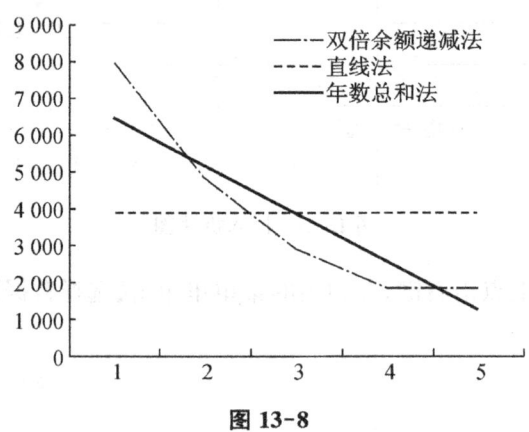

图 13-8

(五) 固定资产更新决策模型

(1) 建立"固定资产更新决策模型"表格,并录入已知数据。

(2) 参考表 13-14 所示的公式或函数在相应的单元格中进行计算。

表 13-14　　　　　　　　　　　工 作 表

单元格	公式或函数	单元格	公式或函数
D10:G10	{=SYD(C4,G16,G3,D3:G3)}	D11:G11	{=SLN(C5,,G3)}
D12:G12	{=(D6:G6−D7:G7)−(D8:G8−D9:G9)−(D10:G10−D11:G11)}		
D13:G13	=D12:G12×E2	D14:G14	=D12:G12−D13:G13
D15:G15	{=D14:G14+(D10:G10−D11:G11)}	C17	=−C4+C5
D17:G17	{=D15:G15+D16:G16}	C18	=NPV(G2,D17:G17)+C17
C19	=IF(C18>=0,"更新设备","继续使用旧设备")		

(3) 计算的结果如表 13-15 所示。

表 13-15　　　　　　　　　　　　　　计 算 结 果 表

	A	B	C	D	E	F	G
1			固定资产更新决策模型				
2				所得税率	25%	折现率	10%
3		项目	0	1	2	3	4
4	初始期现金流量	投资成本	70 000				
5		旧机器变现价值	20 000				
6		新机器销售收入		60 000	60 000	60 000	60 000
7		旧机器销售收入		40 000	40 000	40 000	40 000
8		新机器付现成本		18 000	18 000	18 000	18 000
9		旧机器付现成本		20 000	20 000	20 000	20 000
10	经营期现金流量	新机器折旧		25 200	18 900	12 600	6 300
11		旧机器折旧		5 000	5 000	5 000	5 000
12		税前利润增加		1 800	8 100	14 400	20 700
13		所得税增加		450	2 025	3 600	5 175
14		税后利润增加		1 350	6 075	10 800	15 525
15		增加营业现金流量		21 550	19 975	18 400	16 825
16	终结期现金流量	法定残值					7 000
17		净现金流量	−50 000	21 550	19 975	18 400	23 825
18		净现值	16 196.16				
19		决策结果	更新设备				

结果分析：由于使用新设备比使用旧设备所获得的净现值多 16 196.16 元，因此应更新设备。

五、课外实训与练习

(1) 某公司考虑用 1 台新的、效率高的设备来代替旧设备，以减少成本，增加收益。新旧设备有关资料如表 13-16 所示。

表 13-16　　　　　　　　　　　新旧设备资料表

项　目	旧设备	新设备 1	新设备 2
原值	40 000	60 000	60 000
预计使用年限	10	5	5
已使用年限	5	0	0
年销售收入	50 000	80 000	80 000
每年付现成本	30 000	40 000	40 000
残值	0	10 000	10 000
目前变现价值	10 000		
折旧方法	直线法	直线法	年数总和法

要求:请建立固定资产更新决策模型分析企业应该选择哪种设备。

(2) 飞鱼快餐公司在一家公园内租用了一间售货亭向游人出售快餐。飞鱼快餐公司与公园签订的租赁合同的期限为3年,3年后售货亭作为临时建筑将被拆除。经过一个月的试营业,飞鱼快餐公司发现,每天的午饭和晚饭时间来买快餐的游客很多,但是因为货亭很小,只有一个售货窗口,所以顾客不得不排长队,有些顾客因此而离开。为了解决这一问题,飞鱼快餐公司设计了四种不同的方案,试图增加销售量,从而增加利润。

方案1:改装售货亭,增加窗口。这一方案要求对现有售货亭进行大幅度的改造,所以初始投资较多,但是因为增加窗口可以吸引更多的顾客,所以收入也会相应增加较多。

方案2:在现有售货窗口的基础上,更新设备,提高每份快餐的供应速度,缩短供应时间。

以上两个方案并不互斥,可以同时选择。但是,以下两个方案则要放弃现有的售货亭。

方案3:建造一个新的售货亭。此方案需要将现有的售货亭拆掉,在原来的地方建一个面积更大、售货窗口更多的新售货亭。此方案的投资需求最大,预期增加的收入也最多。

方案4:在公园内租一间更大的售货亭。此方案的初始支出是新售货亭的装修费用,以后每年的增量现金流出是当年的租金支出净额。

飞鱼快餐公司可用于这项投资的资金需要从银行借入,资本成本率为15%,与各种方案有关的现金流量如表13-17所示。

表13-17　　　　　　　　　4种方案的预计现金流量表

方　案	投资额(元)	第1年	第2年	第3年
增加售货亭	-75 000	44 000	44 000	44 000
更新现有设备	-50 000	23 000	23 000	23 000
建造新售货亭	-125 000	70 000	70 000	70 000
租赁更大的售货亭	-10 000	12 000	13 000	14 000

请运用相关函数计算并替飞鱼快餐公司选择最佳的投资方案或投资组合。

实验十四 投资项目风险分析

由于长期投资决策涉及的时间较长,因而对未来收益和成本都很难进行准确预测。在项目投资决策分析中,我们都假设项目的现金流量是可以确定的,但实际真正意义上的投资项目总是有风险的,项目未来现金流量总会具有某种程度的不确定性。如何处置项目的风险是非常必要的。

进行风险性投资分析有两类基本方法,第 1 类方法称为风险调整法,即对项目的风险因素进行调整,主要包括调整折现率和调整未来现金流量两方面内容;第 2 类方法是对项目基础状态的不确定性进行分析,主要包括决策树法、敏感性分析、盈亏平衡分析等,这类方法通过研究投资基础状态变动对投资分析结果的影响力,来测试该投资分析的适用性,进而作出最终决策。

一、实验目的

掌握风险调整贴现率法;
掌握肯定当量系数法。

二、实验原理

(一) 风险调整贴现率法

风险调整贴现率是风险项目应当满足的投资人要求的报酬率。项目的风险越大,要求的报酬率就越高。其理论依据为资本资产定价模型。

风险调整贴现率法是更为实际、更为常用的风险处理方法。此方法的基本思路是,对高风险的项目,应当采用较高的贴现率(包括了风险因素的贴现率)计算净现值,然后根据净现值法的规则来选择方案。问题的关键是根据风险的大小确定风险因素的贴现率,即风险调整贴现率。

计算公式:

$$NPV = \sum_{t=0}^{n} \frac{NCF_t}{(1+i+\theta)^t}$$

式中:i——无风险利率;
θ——风险溢酬。

(二) 肯定当量系数法

为了克服风险调整贴现率法夸大远期风险的缺点,故提出了肯定当量系数法。该法的基本思路是先用一个系数把有风险的现金收支调整为无风险的现金收支,然后用无风险的贴现率去计算净现值,以便用净现值法的规则判断投资机会的可取程度。该法的主要困难是确定合理的当量系数。

计算公式：

$$NPV = \sum_{t=0}^{n} \frac{\alpha_t \times NCF_t}{(1+i)^t}$$

式中：α_t——肯定当量系数，它在 0～1 之间；

　　　i——无风险利率。

（三）相关函数

1. SUMPRODUCT( )函数

功能：在给定的几组数组中，将数组间对应的元素相乘，并返回乘积之和。

语法：SUMPRODUCT(array1, array2, array3, …)。

2. LOOKUP( )函数

功能：从单行或单列区域或者从一个数组返回值，具有两种语法形式：向量形式和数组形式。其向量形式在单行区域或单列区域（称为"向量"）中查找值，然后返回第 2 个单行区域或单列区域中相同位置的值。

语法：LOOKUP(lookup_value, lookup_vector, result_vector)。

三、实验材料

若当前的无风险报酬率为 4%，市场平均报酬率为 8%，天河公司的某投资方案现金流量风险较大，每年估计的现金流量情况如表 14-1 所示，β 值为 1.8，请用风险调整贴现法评估风险并判断项目是否可行。

表 14-1　　　　　　　　　　　现金流量情况表

年份	概率 P_i	NCF
0	1	−50 000
	0	0
	0	0
1	0.3	15 000
	0.4	20 000
	0.3	25 000
2	0.2	20 000
	0.5	30 000
	0.3	10 000
3	0.4	15 000
	0.4	25 000
	0.2	35 000
4	0.2	25 000
	0.6	20 000
	0.2	30 000

天河公司拟进行一项投资,根据市场调查,对未来的现金流量估计情况如表 14-2 所示。
要求:若天河公司要求的最低报酬率为 5%。其标准离差率与肯定当量系数检验关系如表
14-3 所示。请对投资项目的风险进行评估,并判断方案是否可行。

表 14-2　　　　　　　　　　标准离差率与肯定当量系数检验关系表

年　份	概率 P_i	NCF
0	1.00	−450 000
1	0.20	51 000
	0.30	42 000
	0.50	33 800
2	0.30	90 000
	0.30	76 100
	0.40	65 200
3	0.40	115 000
	0.40	95 000
	0.20	73 200
4	0.25	126 000
	0.50	110 000
	0.25	103 000
5	0.30	112 500
	0.40	91 000
	0.30	75 200
6	0.20	102 000
	0.60	88 000
	0.20	77 400
7	0.25	114 500
	0.55	86 700
	0.20	52 600
8	0.20	126 500
	0.70	88 600
	0.10	65 800

表 14-3　　　　　　　　　　标准离差率与肯定当量系数经验关系表

标准离差率	上限	0.00	0.06	0.16	0.29	0.36
	下限	0.05	0.15	0.28	0.35	0.50
肯定当量系数		1.00	0.90	0.80	0.70	0.60

四、实验步骤与实验结果

(一) 风险调整贴现率法

(1) 新建"风险调整贴现率法"工作表,并在相应的地方录入已知数据。

(2) 参考表14-4的公式或函数,在相应的单元格里进行计算。可以在D7单元格中输入公式后,等光标在右下角变为黑色的"+"时,向下拖拉复制公式至D19单元格止。

表14-4　　　　　　　　　工　作　表

单元格	公式或函数	单元格	公式或函数
D7	=SUMPRODUCT(C7:C9,B7:B9)	D10	=SUMPRODUCT(C10:C12,B10:B12)
D13	=SUMPRODUCT(C13:C15,B13:B15)	D16	=SUMPRODUCT(C16:C18,B16:B18)
D19	=SUMPRODUCT(C19:C21,B19:B21)	D2	=B2+B4×(B3−B2)
D3	=NPV(D2,D10:D21)+D7	D4	=IF(D3>0,"项目可行","项目不可行")

(3) 计算的结果如表14-5所示。

表14-5　　　　　　　　　计 算 结 果 表

	A	B	C	D
1			风险调整贴现率法	
2	无风险报酬率	4%	风险调整贴现率	11.20%
3	市场平均报酬率	8%	NPV(元)	17 546.06
4	β系数	1.8	决策结果	项目可行
5				
6	年份	概率 P_i	NCF	期望值(元)
7		1	−50 000	
8	0	0	0	−50 000
9		0	0	
10		0.3	15 000	
11	1	0.4	20 000	20 000
12		0.3	25 000	
13		0.2	20 000	
14	2	0.5	30 000	22 000
15		0.3	10 000	
16		0.4	15 000	
17	3	0.4	25 000	23 000
18		0.2	35 000	
19		0.2	25 000	
20	4	0.6	20 000	23 000
21		0.2	30 000	

(二)肯定当量系数法

(1) 新建"肯定当量系数法"工作表,并在表中输入标准离差与肯定当量系数经验关系表。如表 14-6 所示。

表 14-6　　　　　　　　标准离差率与肯定当量系数经验关系表

	A	B	C	D	E	F	G
1	标准离差率	上限	0.00	0.06	0.16	0.29	0.36
2		下限	0.05	0.15	0.28	0.35	0.50
3	肯定当量系数		1.00	0.90	0.80	0.70	0.60

(2) 在表 14-8 中录入已知数据,并参考表 14-7 在相应的单元格中进行计算。

表 14-7　　　　　　　　工　作　表

单元格	公式或函数
D9	=SUMPRODUCT(B9:B11,C9:C11)
E9	=SQRT(SUMPRODUCT(B9:B11,(C9:C11−D9)^2))
F9	=E9/D9
G9	=LOOKUP(F9,\$C\$2:\$G\$2,\$C\$4:\$G\$4)
H9	=D9×G9
I9	=NPV(C6,H12:H35)+H9
H6	=IF(I9>0,"项目可行","项目不可行")

用向下拖拉的方法分别复制单元格 D9 的公式至 D33;E9 至 E33;F9 至 F33;G9 至 G33,H9 至 H33,计算的结果如表 14-8 所示。

表 14-8　　　　　　　　计 算 结 果 表

	A	B	C	D	E	F	G	H	I
1	最低投资报酬率		5%			决策结果		项目可行	
2									
3	年份	概率	NCF	期望值	标准离差	标准离差率	肯定当量系数	无风险现金流量	NPV
4		1.00	−450 000						
5	0			−450 000	0	0.00	1.00	−450 000	
6									27 161.05
7		0.20	51 000						
8	1	0.30	42 000	39 700	6 673	0.17	0.80	31 760	
9		0.50	33 800						

(续表)

	A	B	C	D	E	F	G	H	I
10		0.30	90 000						
11	2	0.30	76 100	75 910	10 269	0.14	0.90	68 319	
12		0.40	65 200						
13		0.40	115 000						
14	3	0.40	95 000	98 640	15 550	0.16	0.90	88 776	
15		0.20	73 200						
16		0.25	126 000						
17	4	0.50	110 000	112 250	8 437	0.08	0.90	101 025	
18		0.25	103 000						
19		0.30	112 500						
20	5	0.40	91 000	92 710	14 514	0.16	0.90	83 439	27 161.05
21		0.30	75 200						
22		0.20	102 000						
23	6	0.60	88 000	88 680	7 824	0.09	0.90	79 812	
24		0.20	77 400						
25		0.25	114 500						
26	7	0.55	86 700	86 830	20 634	0.24	0.80	69 464	
27		0.20	52 600						
28		0.20	126 500						
29	8	0.70	88 600	93 900	17 640	0.19	0.80	75 120	
30		0.10	65 800						

五、课外实训与练习

(1)资料:长江电器有限公司的1个投资项目各年的现金流量及其发生概率情况如表14-9所示,公司的资本成本率为12%。

表14-9　　　　　　　各年的现金流量与概率表　　　　　　　单位:元

第0年		第1年		第2年		第3年		第4年	
概率	NCF_0	概率	NCF_1	概率	NCF_2	概率	NCF_3	概率	NCF_4
1	−65 000	0.3	20 000	0.2	25 000	0.4	10 000	0.2	25 000
		0.4	25 000	0.5	30 000	0.4	25 000	0.6	20 000
		0.3	30 000	0.3	15 000	0.2	40 000	0.2	25 000

要求：判断此项目是否可行。

(2) 资料：红江电器有限公司准备进行一项投资，其各年的预计现金流量和分析人员确定的约当系数已列示在表 14-10 中，无风险折现率为 10%。

表 14-10　　　　　　　　　　　项目的现金流量和约当系数表

时间	0	1	2	3	4
NCF_t（元）	−30 000	13 000	10 000	8 000	6 000
d_t	1.0	0.95	0.9	0.8	0.7

要求：判断此项目是否可行。

(3) 小组讨论——投资项目决策分析。

① 公司概况。某钢铁公司主要生产薄板、中厚板等，销往全国并出口 20 多个国家。为适应经济全球化和科技信息化的客观形势，打造企业核心竞争力，把企业做大做强，该钢铁公司在积极推进管理、制度创新的同时，大力实施科技兴企战略，坚持用高新技术和先进技术改造传统产业，加快新型钢板重点项目建设步伐，大力促进装备升级和产品换代，努力将该公司建设成为一个充满活力、装备先进、管理科学、效益一流、环境优美、竞争力强的现代化钢铁企业，为我国国民经济发展做出更大贡献。

② 行业分析。需求推动我国钢铁工业高速发展。2003 年，我国共有 13 家钢铁企业（集团）钢产量超过 500 万吨，其总计钢产量达 9 770 万吨，占全国钢总产量的 44.38%。在推动钢铁需求增长的因素中，固定资产投资的高速增长起着非常重要的作用，特别是房地产投资是近年来拉动钢材需求高速增长的主要动力。

对未来钢铁需求的预测。世界各国经济发展表明，随着人均 GDP 的增长，对钢材的消费量将呈现快速发展的趋势，我国也不例外，对 1 000 美元（人均 GDP 和人均城乡居民储蓄款）的突破预示着我国经济的发展已使部分人口从温饱型向小康型发展。对钢材的需求将是长期和高水平的。进入 21 世纪以来我国人均钢消费量呈快速上升的趋势，表明我国对钢的消费需求和消费能力在增长。从下游方面对今年我国钢铁生产影响较大的主要是需求。

由表 14-11 可见，随着我国国民经济结构的变化和工业化程度的进步，钢材的消费与国民经济增长的相关系数在逐年增大。

表 14-11　　　　　　我国钢材消费与国民经济增长关系的历史数据表

年份	钢材消费量（万吨）	国内生产总值		钢材消费强度 千克/美元
		以人民币计（亿元）	折合美元（亿元）	
1997	10 847	74 462.6	9 030.6	0.12
1998	11 623	78 345.2	9 473.4	0.123
1999	13 194	81 910.9	9 905	0.133
2000	14 167	89 404	10 811	0.131
2001	16 700	95 933	11 600	0.144
2002	20 900	103 610（增长 8%）	12 528	0.167

③ 预测结论。某研究院用数学模型预测 2005 年全国实际钢材消费量约为 2.4 亿吨，2010 年约为 2.8 亿吨；某大学用数学模型预测 2005 年全国钢材消费量约为 2.5 亿吨，2010 年约为 3.4 亿吨；用市场调研法，得出 2005 年全国钢材实际消费量约为 2.5 亿吨，2010 年约为 3.1 亿吨。如果用表观消费量测算，预测数相应都高一些。从市场拉动的角度分析，预测 2005 年全国钢材实际需求（即扣除重复钢材）为 2.5 亿吨～2.6 亿吨，2010 年钢材实际消费约 3.1 亿吨。折合成钢需求：2005 年为 2.7 亿吨，2010 年为 3.3 亿吨。

投资来源与支出预测：

经估算，本项目总投资为 439 017 万元，其中，固定资产投资 428 138 万元（静态投资 417 599 万元，建设期利息 10 539 万元），铺底流动资金 10 879 万元。固定资产投资中，建筑工程费用为 57 649 万元，安装工程费用为 22 392 万元，设备购置费用为 269 705 万元，其他费用 62 909 万元。请准备相关资料：还贷期内现金流入量资料、贷期内现金流出量资料、现金净流量资料等。

管理者对该项目进行投资决策分析的要求如下。

指标分析：

静态评价指标　　静态回收期　　$PP=$
　　　　　　　　平均报酬率　　$ARR=$
动态评价指标　　净现值　　　　$NPV=$
　　　　　　　　内含报酬率　　$IRR=$

项目利润及财务效益评价如下：

敏感性分析：项目最敏感的因素为销售价格。当销售价格上升或者下降时，IRR、NPV 和静态投资回收期为多少？项目对成本敏感性较强，当钢板成本下降或者上升 5%、10%、15% 时（见表 14-12），IRR、NPV 和静态投资回收期为多少？公司管理层掌握这些信息对项目投资决策至关重要。

表 14-12　　　　　　　　　　　　敏感性分析统计表

项　　目	IRR	NPV	静态投资回收期
基准			
销售价格上升 5%、10%、15%			
销售价格下降 5%、10%、15%			
钢板成本下降 1%、5%、10%			
钢板成本上升 1%、5%、10%			

小组撰写投资决策分析报告，并制作 PPT 进行演示。

第六章
营运资本管理

实验十五 现 金 管 理

现金是指企业在生产经营过程中暂时停留在货币形态的资金,包括库存现金、银行存款、银行本票、银行汇票等。由于短期证券的变现能力很强,因此将其视为"现金等价物",包括国库券、可转让存单、商业票据等。

企业持有现金有3个动机,即交易性动机、预防性动机和投机性动机。现金管理的目标就是在保证企业正常生产经营及适度资产流动性的前提下,尽量降低现金的持有量和持有成本,以提高企业整体资金的收益水平。

企业最佳现金持有量的确定有4种模型:现金周转模型、成本分析模型、存货模型和随机模型。

一、实验目的

利用画图观察最低现金持有量;
掌握有条件的规划求解方法;
掌握随机模型确定最佳现金持有量的方法。

二、实验原理

(一)现金最佳持有量的4种模型

1. 现金周转模型

现金周转模型是通过现金周转天数确定最佳现金持有量的模型。所谓现金周转天数是指从现金投入生产经营开始,到产成品出售收回现金的时间。它的长短取决于存货周转天数、应收账款周转天数及应付账款周转天数。相关公式如下:

$$现金周转天数 = 存货周转天数 + 应收账款周转天数 - 应付账款周转天数$$

$$最佳现金持有量 = 每日现金需要量 \times 现金周转天数$$

$$= \frac{企业年现金需求量}{360} \times 现金周转天数$$

2. 成本分析模型

成本分析模型是通过分析持有现金的机会成本、管理成本和短缺成本,预测使持有现金的相关总成本最低的现金持有量。

$$\text{持有现金总成本} = \text{机会成本} + \text{短缺成本} + \text{管理成本}$$

3. 存货模型

因为现金持有量的许多方面与存货批量类似,因此,可用存货批量模型来确定企业最佳现金持有量。该模型假定一定时期内企业的现金总需求量可以预测出来,并且企业每天的现金需求量稳定不变,当现金余额为零时,要通过出售有价证券获取现金。此模型考虑持有现金的机会成本和有价证券转换现金的交易成本。公式如下:

$$TC = \frac{C^*}{2} \times K + \frac{T}{C^*} \times F$$

式中:TC——总成本;
C^*——现金持有量;
K——持有现金的机会成本;
T——一个周转内现金总需求量;
F——每次转换有价证券的固定成本。

求导数,可得:

$$C^* = \sqrt{\frac{2TF}{K}}$$

$$TC = \sqrt{2TFK}$$

4. 随机模型

随机模型又称米勒—奥尔模型,这一模型是企业在现金需求量难以预测的情况下进行现金持有量控制的方法。它假定企业每日的净现金流量为一随机变量,其变化近似地服从正态分布,在这种情况下,企业可以根据历史经验和现金需要,测算出一个现金持有量的控制范围,即制定出现金持有量的上限和下限,将现金持有量控制在上下限之间。

$$R = \sqrt[3]{\frac{3F\sigma^2}{4K}} + L$$

$$H = 3R - 2L$$

式中:F——每次转换有价证券的成本;
σ——每日净现金流量变化的标准差;
K——有价证券的日利率。

(二)有关函数

1. MIN( )函数

功能:返回一组数值中的最小值,忽略逻辑值及文本。

语法:MIN(number1,[number2],…)

2. LOOKUP( )函数

功能:从单行或单列区域或者从一个数组返回值,具有两种语法形式:向量形式和数组形式。其向量形式在单行区域或单列区域(称为"向量")中查找值,然后返回第 2 个单行区域或单列区域中相同位置的值。

语法:LOOKUP(lookup_value, lookup_vector, result_vector)。

三、实验材料

(1) 天河公司为了保证流动性与收益性的要求,现有 5 种现金持有方案,具体资料如表 15-1 所示,请替天河公司选择一个最佳的现金持有方案。

表 15-1　　　　　　　　　天河公司现金持有量备选方案资料　　　　　　　　单位:元

方案	A	B	C	D	E
现金持有量	500 000	1 000 000	1 500 000	2 000 000	2 500 000
机会成本率	5%	5%	5%	5%	5%
管理成本	2 000	2 000	2 000	4 000	4 000
短缺成本	150 000	80 000	20 000	5 000	0

(2) 假设天通公司预计每月现金需要量为 200 000 元,有价证券的月利率为 0.1%,现金与有价证券的转换交易成本为每次 25 元,则该企业最佳的现金持有量为多少?每月有价证券最佳转换为几次?若企业要求每次手中持有的现金量不少于 120 000 元,不多于 150 000 元,则总成本最低的持有量为多少?

(3) 假设天河公司根据现金流动性要求和有关补偿性余额的协议,该公司的最低现金余额为 10 000 元,有价证券年利率为 10%,每次证券转换的交易成本为 200 元,此外公司现金余额波动的可能情况如表 15-2 所示。

表 15-2　　　　　　　　　　　　现金余额波动表

概率	现金余额(元)
0.2	10 000
0.5	40 000
0.3	100 000

如果一年按 360 天计算,利用随机模型计算:

最优现金返回线;

现金存量的上限;

若此时现金余额为 250 000 元时,应如何调整现金?

若此时现金余额为 280 000 元时,应如何调整现金?

四、实验步骤与实验结果

(一) 成本分析模型

(1) 新建"成本分析模型"表,并在相应的单元格内输入已知数据。如表 15-3 所示。

表 15-3　　　　　　　　　　　最佳现金持有量分析表　　　　　　　　　　　单位：元

	A	B	C	D	E	F
1	项目	方案 A	方案 B	方案 C	方案 D	方案 E
2	现金持有量	500 000	1 000 000	1 500 000	2 000 000	2 500 000
3	机会成本率	5%	5%	5%	5%	5%
4	管理成本	2 000	2 000	2 000	4 000	4 000
5	短缺成本	150 000	80 000	20 000	5 000	0
6	机会成本					
7	总成本					
8	最优方案					

（2）参考表 15-4 所示的公式或函数，得出相应的计算结果。

表 15-4　　　　　　　　　　　　　　工　作　表

单元格	公式或函数	单元格	公式或函数
B7:F7	{=B3:F3×B4:F4}	B8:F8	{=SUM(B5:B7)}
B9	=MIN(B8:F8)	C9	=LOOKUP(B9,B8:F8,B2:F2)

（3）计算结果如表 15-5 所示。

表 15-5　　　　　　　　　最佳现金持有量分析表计算结果表　　　　　　　　　单位：元

	A	B	C	D	E	F
1	项目	方案 A	方案 B	方案 C	方案 D	方案 E
2	现金持有量	500 000	1 000 000	1 500 000	2 000 000	2 500 000
3	机会成本率	5%	5%	5%	5%	5%
4	管理成本	2 000	2 000	2 000	4 000	4 000
5	短缺成本	150 000	80 000	20 000	5 000	0
6	机会成本	25 000	50 000	75 000	100 000	125 000
7	总成本	177 000	132 000	97 000	109 000	129 000
8	最优方案	97 000			方案 C	

（4）选中 A5:F8 的数据区域，点击【插入】菜单，选择【折线图】,【带数据标记的折线图】,在生成的图形中，点击横轴数据，右键【选择数据】,在水平（分类）轴标签处点【编辑】,重新选择 B3:F3 的数据区域，点击确定。同时在总成本线上点右键，选择【添加数据标签】。还可以根据自己的喜好对图表进行修饰。生成的力形如图 15-1 所示。

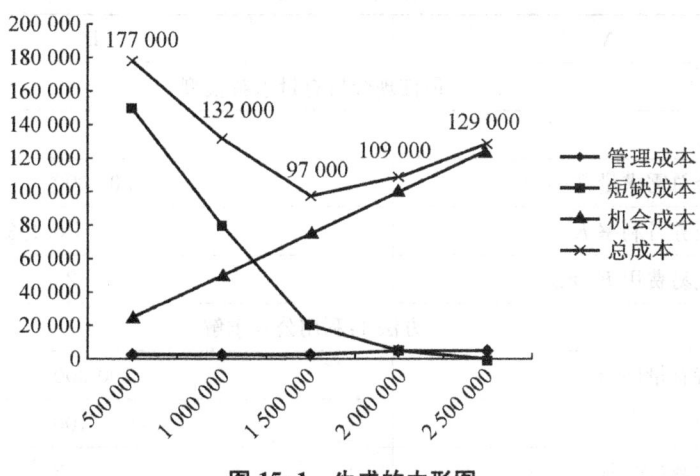

图 15-1 生成的力形图

结果分析:从图形中可以看出,随着现金持有量的增多,短缺成本下降的幅度超过了机会成本增长的幅度,总成本在下降,当现金持有量为 1 500 000 元时,总成本最低。以后随着现金持有量的增多,管理成本和机会成本均上升,且抵消了短缺成本带来的好处,现金持有的总成本上升。因此,C 方案是最佳的现金持有方案。

(二) 存货模型

(1) 新建"存货模型"工作表,并在相应的单元格处输入已知数据。

(2) 参考表 15-6 中所示的公式或函数,在相应单元格中进行计算。利用规划求解时,先在 B12 单元格中输入持有现金的总成本公式,可变单元格选择 B11 单元格。然后点击菜单【数据】,选择【规划求解】,若规划求解不在"数据"菜单中,则点击屏幕左上角的小黑三角形"自定义快速访问工具栏",从下拉列表中选择【其他命令…】,选择左列中的【加载项】,从弹出的对话框中看到右下有下拉菜单,选择【EXCEL 加载项】,点击【转到】,将弹出的对话框中【规划求解】项打勾即可。将【目标单元格】设置为 B12,选择最小值,【可变单元格】选择 B11,点击【求解】,点击确定。若企业对现金持有量有最低要求等条件,则在 B17 单元格中先输入总成本的公式,最佳持有量为可变单元格 B16,点规划求解,目标单元格设置为 B17,选择最小值,可变单元格选择 B16,点击【添加】,分别添加 B16>=B14,B16<=B15 两个条件,点击【求解】,点击确定即可。

表 15-6 工 作 表

单元格	公式或函数	单元格	公式或函数
B7	=SQRT(2×B3×B5/B4)	B8	=SQRT(2×B3×B4×B5)
B9	=B3/B7	B12	=B11/2×B4+B3/B11×B5
B17	=B16/2×B4+B3/B16×B5		

(3) 计算结果如表 15-7 所示。

表15-7　　　　　　　　　　　计 算 结 果 表

	A	B
1	最佳现金持有量求解模型	
2	基本数据	
3	月现金总需求量 T(元)	200 000
4	有价证券月利率 K	0.1%
5	每笔交易费用 F(元)	25
6	方法1:利用公式求解	
7	最佳现金持有量(元)	100 000
8	总成本(元)	100
9	现金转换次数(次/月)	2
10	方法2:规划求解	
11	最佳现金持有量(元)	100 000
12	总成本(元)	100
13	带条件的规划求解	
14	最低持有量(元)	120 000
15	最高持有量(元)	150 000
16	最佳现金持有量(元)	120 000
17	总成本(元)	102

结果分析:从表15-7计算的结果可知,企业最佳现金持有量为100 000元,此时现金持有的总成本为100元,全月现金的转换次数为2次。当企业要求最低现金持有量不能低于120 000,不能高于150 000时,最佳现金持有量为120 000元,此时现金持有总成本为102元。

(三)随机模型

(1)新建"随机模型估计最佳现金持有量"表,并在相应的单元格中输入已知数据。

(2)参考表15-8所示的公式或函数在相应的单元格中进行计算。

表15-8　　　　　　　　　　　工 作 表

单元格	公式或函数
C9	=SUMPRODUCT(B3:B5,C3:C5)
C10	=SQRT(SUMPRODUCT(POWER((C3:C5−C9),2),B3:B5))
C11	=POWER((3×B7×C10^2/(4×B8/360)),1/3)+B6
C12	=3×C11−2×B6
C13	=IF(B13>C12,B13−C11,IF(B13<B6,C11−B13,"不调整"))

(3)计算结果如表15-9所示。

表 15-9　　　　　　　　　随机模型估计最佳现金持有量表　　　　　　　　单位:元

	A	B	C
1	业务情况:	概率	现金余额
2	较少	0.2	10 000
3	一般	0.5	40 000
4	较多	0.3	100 000
5	最低现金余额	10 000	
6	固定转换成本	200	
7	有价证券年收益率	10%	
8	现金余额期望值		52 000
9	每日现金流量标准差		33 406.59
10	现金最优返回线		94 466.79
11	现金上限		263 400.37
12	现金余额与调整	250 000	不调整

结果分析:当目前现金持有量为 250 000 元时,小于现金持有上限 263 400.37 元,则不需要调整。当现金持有量为 280 000 元时,已超过现金持有上限,则应该将 185 533.21 元(280 000－94 466.79)用于购买有价证券,让现金返回最佳持有量。

五、课外实训与练习

(1) 河海电器公司有 A、B、C、D 4 种现金持有方案,有关成本资料如表 15-10 所示。

表 15-10　　　　　　　河海电器公司备选现金持有方案表　　　　　　　单位:万元

项目	方案 A	方案 B	方案 C	方案 D
现金持有量	100	200	300	400
机会成本率	12%	12%	12%	12%
短缺成本	50	30	10	0

要求:根据表 15-10,计算河海电器公司的现金最佳持有量。

(2) 江河电器公司预计全年需要现金 150 000 元,现金与有价证券的转换成本为每次 200 元,有价证券利息的利息率为 15%。求河海电器公司的最佳现金余额。

(3) 江海电器公司的日现金余额标准差为 5 000 元,每次证券交易的成本为 500 元,有价证券的日收益率为 0.06%,公司每日最低现金需要量为 0。江海电器有限公司的现金最佳持有量和持有量上限分别是多少?

实验十六　应收账款管理

应收账款是指公司因赊销产品或提供劳务而形成的应收款项。企业实行赊销政策,可以扩大产品销路增加销售收入,但同时过多的应收账款导致资金被他人占用也增加了经营风险,加大了信用成本。持有应收账款涉及的成本有机会成本、坏账成本和管理成本。

应收账款控制的目标就是要在应收账款信用政策所增加的收益和该政策所增加的成本之间做出权衡。所谓信用政策是指企业对商业信用进行规划的控制而确定的基本原则和行为规范,具体包括信用标准、信用条件和收账政策3方面的内容。制定合理的信用政策是企业加强应收账款控制,提高应收账款投资效益的重要前提。

一、实验目的

掌握信用政策综合决策的方法;

进一步掌握逻辑函数在决策判断中的使用。

二、实验原理

(一) 应收账款的成本

1. 机会成本

机会成本即资金由于投放于应收账款而失去了可能投资于其他项目所获得的收益,如投资于有价证券便会有利息收入。这一成本的大小通常与企业维持赊销业务所需要的资金数量、资本成本或有价证券利息率有关,计算公式如下:

$$应收账款机会成本 = \frac{S_{赊}}{\frac{360}{n}} \times V' \times R$$

式中:$S_{赊}$——年赊销额;

n——应收账款收现期;

V'——变动成本率;

R——有价证券利息率。

2. 管理成本

管理成本即企业对应收账款进行管理所耗费的各种费用,如调查客户信用情况的费用、收集各种信息的费用、账簿的记录费用、数据处理费用等。

3. 坏账成本

坏账成本即由于客户破产、解散、财务状况恶化、拖欠时间较长等原因,导致企业的应收账款不能收回而发生的损失。一般用赊销额的一定百分比来估算。

(二) 应收账款的信用条件

1. 信用期限

信用期限是指企业允许客户从购货到支付货款的时间限定。信用期限与企业产品销售量之间存在着一定的依存关系。通过延长信用期限,可以在一定程度上增大销售量,从而增加毛利;但不适当地延长信用期限,就会给公司带来应收账款机会成本增加、坏账损失和收账费用增加的不良后果。

2. 现金折扣和折扣期限

为了加速资金周转,促使客户尽早地付款,企业通常会向客户提供现金折扣优惠。按销售额的一定比率享受的折扣叫现金折扣,对客户可以享受现金折扣的付款时间叫折扣期限。现金折扣实际上是对销售收入的扣减,因此是否提供以及提供多大幅度的现金折扣,应权衡提供现金折扣后所得的收益和现金折扣成本。

3. 信用条件的决策分析

企业在确定信用条件时,应当权衡利弊得失,即考虑改变信用条件所带来的销售收入的增加与因此付出的代价之间的利弊关系,寻找使企业收益最大化,而不是销售额最大化的信用条件。一般的决策模型如下:

$$信用净收益 = S_{赊}(1-V') - 现金折扣 - 机会成本 - 坏账损失 - 收账费用$$

三、实验材料

(1) 天河公司预计年度赊销收入净额为 9 600 000 元,其信用条件是:$N/30$,变动成本率为 60%,资本成本率为 10%。假定固定成本总额不变,该企业准备了两个信用条件的备选方案:A:将信用条件放宽到 $N/60$;B:将信用期限放宽到最长 60 天,还提供现金折扣,信用条件为 $2/10, N/60$,预计有 60% 的客户会在折扣期内付款,享受现金折扣。各种备选方案估计的赊销收入、坏账损失率和收账费用等有关数据见表 16-1 所示。

表 16-1   应收账款信用条件表

项目	原方案	方案 A	方案 B
信用条件	n/30	n/60	2/10,N/60
年赊销额(元)	9 600 000	10 800 000	10 800 000
坏账损失率	2%	3%	2%
收账费用	125 000	140 000	100 000

要求:请替天河公司做出最佳方案的选择。

(2) 2015 年 12 月 31 日,天河公司将第四季度所有尚未收到货款的销售发票进行了汇总,如表 16-2 所示。12 月发生的应收账款账龄为 0 天~30 天,11 月发生的应收账款账龄为 30 天~60 天,10 月发生的应收账款账龄为 60 天~90 天。编制天河公司的应收账款账龄分析表,并计算应收账款平均账龄。

表 16-2   2015 年第四季度应收账款明细表

10 月(90 天以内)		11 月(60 天以内)		12 月(30 天以内)	
销售日期	金额(元)	销售日期	金额(元)	销售日期	金额(元)
10 月 8 日	2 100	11 月 2 日	500	12 月 2 日	1 500
10 月 17 日	2 300	11 月 10 日	1 000	12 月 3 日	2 100

(续表)

10月(90天以内)		11月(60天以内)		12月(30天以内)	
10月22日	1 000	11月17日	1 500	12月6日	1 900
10月28日	900	11月20日	900	12月7日	500
		11月22日	1 100	12月10日	1 200
		11月23日	1 200	12月15日	700
		11月24日	1 800	12月17日	600
		11月26日	600	12月20日	900
				12月24日	1 000
				12月28日	500
				12月30日	1 200

四、实验步骤与实验结果

(一) 应收账款信用条件决策

(1) 新建"应收账款信用条件模型"表,并根据资料在相应的单元格中输入已知值。

(2) 参考表16-3所示的公式或函数在相应的单元格中求出结果。

表16-3　　　　　　　　　工　作　表

单元格	公式或函数	单元格	公式或函数
D7	=D6×10+(1−D6)×60	B13;D13	{=B4;D4×(1−B9;D9)}
B14;D14	{=B4;D4×B5;D5×B6;D6}	B15;D15	{=B4;D4×B7;D7/360×B9;D9×B8;D8}
B16;D16	{=B4;D4×B10;D10}	B17;D17	{=B11;D11}
B18;D18	{=B13;D13−B14;D14−B15;D15−B16;D16−B17;D17}		
B19	=IF(AND(C18>B18,D18>B18),IF(C18>D18,C2,D2),IF(C18>B18,C2,IF(D18>B18,D2,B2)))		

3. 计算的结果如表16-4所示。

表16-4　　　　　　　　　计算结果表

	A	B	C	D
1		应收账款信用条件模型		
2		原方案	方案A	方案B
3	信用条件	$n/30$	$n/60$	$2/10,N/60$
4	年赊销额(元)	9 600 000	10 800 000	10 800 000
5	折扣率	0%	0%	2%
6	享受现金折扣的客户比率	0%	0%	60%
7	平均收现期(天)	30	60	30
8	应收账款占用资金的机会成本率	10%	10%	10%

(续表)

		A	B	C	D
9	变动成本率		60%	60%	60%
10	坏账损失率		2%	3%	2%
11	收账费用		125 000	140 000	100 000
12			信用标准变化对净收益的影响		
13	销售利润		3 840 000	4 320 000	4 320 000
14	减:现金折扣		0	0	129 600
15	应收账款机会成本		48 000	108 000	54 000
16	坏账损失		192 000	324 000	216 000
17	收账费用		125 000	140 000	100 000
18	净收益		3 475 000	3 748 000	3 820 400
19	结果			方案 B	

结果分析:由于信用条件变化,导致方案 A 的净收益 3 748 000 元比原方案要高,方案 B 由于提供了现金折扣,促使客户提早付款,使得少收取的金额(现金折扣)少于应收账款机会成本、坏账损失和收账费用减少的金额,使得企业净收益最高,因此应选用方案 B,不仅将信用期放宽到 60 天,还要给客户提供相应的现金折扣。

(二)应收账款账龄管理

(1)新建"应收账款账龄分析表",并在相应的单元格中输入已知数据,如表 16-5 所示。

表 16-5   2015 年第四季度应收账款明细表

	A	B	C	D	E	F
1	10月(90天以内)		11月(60天以内)		12月(30天以内)	
2	销售日期	金额(元)	销售日期	金额(元)	销售日期	金额(元)
3	10月8日	2 100	11月2日	500	12月2日	1 500
4	10月17日	2 300	11月10日	1 000	12月3日	2 100
5	10月22日	1 000	11月17日	1 500	12月6日	1 900
6	10月28日	900	11月20日	900	12月7日	500
7			11月22日	1 100	12月10日	1 200
8			11月23日	1 200	12月15日	700
9			11月24日	1 800	12月17日	600
10			11月26日	600	12月20日	900
11					12月24日	1 000
12					12月28日	500
13					12月30日	1 200
14	合 计	6 300	合 计	8 600	合 计	12 100

(2) 参考表 16-6 所示的公式和函数，先求出表 16-5 中每个月的应收账款合计数。另外在"2015 年第四季度应收账款账龄分析表"中输入已知数，并参考表 16-6 中的公式或函数得出相应的计算结果。在 E19 单元格中输入公式后，选中此单元格，当光标在右下角变为黑色"+"光标时，向下进行拖拉至 E21 单元格止。

表 16-6　　　　　　　　　　　工　作　表

单元格	公式或函数	单元格	公式或函数
B15	=SUM(B4:B14)	D15	=SUM(D4:D14)
F15	=SUM(F4:F14)	C19	=F15
C20	=D15	C21	=B15
C22	=SUM(C19:C21)	D19:D21	{=C19:C21/C22}
E19	=IF(B19="0−30",15,IF(B19="30−60",45,75))		
E20	=IF(B20="0−30",15,IF(B20="30−60",45,75))		
E21	=IF(B21="0−30",15,IF(B21="30−60",45,75))		
D22	=SUM(D19:D21)	F19:F21	{=D19:D21×E19:E21}
F22	=SUM(F19:F21)		

(3) 求出的结果如表 16-7 所示。本月的平均账龄为 38.56 天。

表 16-7　　　　　　　2015 年第四季度应收账款账龄分析表

	A	B	C	D	E	F
1	月份	账龄(天)	金额(元)	百分比(%)	加权平均数	平均账龄(天)
2	12 月	0～30	12 100	44.81%	15	6.72
3	11 月	30～60	8 600	31.85%	45	14.33
4	10 月	60～90	6 300	23.33%	75	17.50
5	合　计		27 000	100.00%		38.56

五、课外实训与练习

(1) 天星公司制定下年度的信用政策，现有两个方案可供选择：

方案 A：信用标准比较严格，确定的坏账损失率为 5%，信用条件是 30 天内全部付清，并采取积极的收账政策，预计全年的收账费用为 10 000 元。采用这种信用政策，预计全年或实现销售收入 1 000 000 元，预计平均收账期为 45 天。

方案 B：信用标准相对宽松，确定的坏账损失率为 8%，信用条件是"1/10, n/40"，采取一般的收账政策，预计全年的收账费用为 6 000 元。采取这种信用政策，预计全年可实现销售收入 1 200 000 元，50%的款项会在折扣期内支付，预计平均收账期为 60 天。

天河公司的销售利润率为 20%，有价证券利息率为 10%。变动成本率为 60%。请替天星公司做出最佳方案的选择。

(2) 三一公司目前的赊销条件为：$1/10,n/30$。其中坏账为销售收入的 1%，99% 的客户会付款，其中 50% 在 10 天内付款，享有折扣，另外 50% 的客户在 30 天内付款。该公司目前的销售收入为每年 200 万元，其中可变成本占销售收入的 75%，公司应收款筹集来自信用额度，贷款利率 10%。此外，公司有足够的固定资产可保证其销售收入增长 2 倍。公司信用经理计划将其赊销条件变为：$2/10,n/40$。他估计这将使公司每年的销售收入增加到 250 万元。但是，坏账的比率也会增加到新销售水平的 2%。预计 50% 的客户会继续在 10 天内付款，并享有折扣，同时另有 50% 的客户在 40 天内付款。

①该公司原来及新的应收账款收账期分别为多少？②计算该公司的应收账款投资增量及税前利润增量。公司的赊销条件是否改变？③如果目前公司的赊销条件为：$2/10,n/40$，公司正考虑将其改为：$1/10,n/30$，现假设这两个赊销条件其他因素不变，试将上述问题反过来进行分析。④假设该公司的竞争者也同样提供比较宽松的赊销条件，这将使公司继续保持在 200 万元的销售收入水平；另外，坏账的损失也保持在 1%，试用计算机模型分析对公司利润的影响。要求：小组成员协作设计模型；制作 PPT 进行演讲。

实验十七 存货管理

存货是指企业在生产经营过程中为销售或耗用而储备的各种资产,它是企业流动资产的重要组成部分,是随着企业生产经营过程的连续进行而循环周转的。存货具有流动性强、周转期短、种类多的特点。

存货管理的目标是以最少的资金占用和最低的存货成本来保证企业生产经营的正常进行,实现企业经营管理的目标,获得最大的经济效益。

ABC存货分类管理法是根据各种存货在全部存货中的重要程度,对存货进行分类、排除、分等级、有重点的管理和控制的一种方法。把金额占比大、数量少的存货归为A类存货,重点管理、严格控制,经常检查库存,认真规划其经济订货批量;对于C类存货可采用比较简化的控制方式进行管理;B类存货的控制介于A类和C类之间,但也应给予相当的重视。3类存货的金额占比一般为7∶2∶1。

一、实验目的

掌握利用函数进行存货最佳订货点决策分析;
掌握逻辑函数及查找函数的作用。

二、实验原理

(一) 持有存货的成本

1. 取得成本

取得成本是指为取得某种存货而支出的成本。通常用 TC_a 表示。其又分为订货成本和购置成本。

订货成本指取得订单的成本,如办公费、差旅费、邮资等支出。订货成本中的一部分与订货次数无关,称为订货的固定成本,用 F_1 表示;另一部分与订货次数有关,称为订货的变动成本。订货的单位变动成本用 K 表示;订货次数等于存货年需要量 D 除以单位进货量 Q。计算公式:

$$订货成本 = F_1 + \frac{D}{Q} \times K$$

式中:F_1——订货的固定成本;
　　　D——存货年需要量;
　　　Q——订货批量;
　　　K——订货的单位变动成本。

购置成本是指存货本身的价值,经常用数量与单价的乘积来确定。计算公式如下:

$$购置成本 = D \times U$$

式中：U——单价。

$$TC_a = F_1 + \frac{D}{Q}K + D \times U$$

2. 储存成本

指为保持存货而发生的成本，包括存货占用资金所应计的利息、仓库费用、保险费用、存货破损和变质损失等。计算公式如下：

$$TC_c = F_2 + \frac{Q}{2}K_c$$

式中：TC_c——储存成本；
F_2——储存固定成本；
K_c——储存单位变动成本。

3. 缺货成本

指由于存货供应中断而造成的损失，包括材料供应中断造成的停工损失、产成品库存缺货造成的拖欠发货损失和丧失销售机会的损失；如果生产企业以紧急采购代用材料解决库存材料中断之急，那么缺货成本表现为紧急额外购入成本。用 TC_s 表示。计算公式：

$$TC = TC_a + TC_c + TC_s$$

（二）经济订货批量模型

假设企业不可能缺货，也无多买多折扣的优惠，并且一次到货。则使企业存货成本最小化的订货批量为经济订货批量。此时只需要考虑变动成本，即：

$$TC = \frac{D}{Q^*}K + \frac{Q^*}{2}K_c$$

对 Q 求导数，得出：

$$Q^* = \sqrt{\frac{2KD}{K_c}}$$

将 Q 的结果代到原总成本公式中，得出经济订货批量下的总成本：

$$TC^* = \sqrt{2KDK_c}$$

此时，最佳订货次数为：

$$N^* = \frac{D}{Q^*}$$

经济订货批量占用的资金为：

$$I^* = \frac{Q^*}{2} \times U$$

（三）经济订货批量的扩展

1. 订货提前期与再订货点

现实中，为了避免停工损失，企业不能等到存货全部用完才去订货，而需要在存货没有用完之前提前订货。一般把企业再次发出订货单时,尚有存货的库存量称为再订货点。生产不稳定的企业甚至还需要保留一定的保险储备存货以备不时之需。

$$R = L \times d + B$$

式中:R——含保险储备的再订货点;
　　　L——订货提前期;
　　　d——每日正常需用量;
　　　B——保险储备量。

2. 存货陆续供应和使用的经济订货批量模型

在建立基本模型时,我们假定存货一次全部入库。事实上,存货可能陆续入库,库存量也陆续增加。尤其是产成品入库和在制品的转移,几乎都是陆续供应和陆续耗用的。此种情况下总成本公式为:

$$TC = \frac{D}{Q} \times K + \frac{Q \times \left(1 - \frac{d}{P}\right)}{2} \times K_c$$

$$Q^* = \sqrt{\frac{2KD}{K_c} \times \frac{P}{P-d}}$$

$$TC = \sqrt{2KDK_c \times \left(1 - \frac{d}{P}\right)}$$

式中:P——每日送货量;
　　　d——每日耗用量。

3. 存在商业折扣的经济订货批量模型

在经济订货批量的基本模型中,假定商品的价格是不变的。但现实生活中,许多企业在销售时都有批量折扣(商业折扣),即对大批量采购的企业在价格上给予一定的优惠。在这种情况下,存货相关总成本除了考虑订货成本和储存成本外,还应考虑购置成本。

$$TC = \frac{D}{Q} \times K + \frac{Q}{2} \times K_c + D \times U(1 - 折扣率)$$

(四) 相关函数

1. 文本判断函数 ISTEXT( )

功能:检测一个值是否为文本,返回 true 或 false。

语法:ISTEXT(value)。

2. 列查找函数 Vlookup( )

功能:VLOOKUP 函数是 Excel 中的一个纵向查找函数,它与 LOOKUP 函数和 HLOOKUP 函数属于一类函数。VLOOKUP 是按列查找,最终返回该列所需查询列序所对应的值;与之对应的 HLOOKUP 是按行查找函数。

语法:VLOOKUP(lookup_value, table_array, col_index_num, range_lookup)。

三、实验材料

(1) 天河公司存货全年需求量为 10 000 件,单位订货成本为 250 元/件,单位储存成本

20元/件,单位缺货成本4元/件,每次订货货车需要一定的时间才能到达,在这段交货期间的正常需用量为100件。存货单价为10元/件。企业对交货期内的存货需求量及概率预测如表17-1所示。

表17-1

概率	1%	4%	15%	50%	20%	5%	4%	1%
需求量(件)	70	80	90	100	110	120	130	140

要求:①计算存货的经济订货批量、存货总成本、订货次数、最佳订货周期及存货经济批量占用的资金;②计算不同保险储备下的总成本,并帮企业选择一个最佳的保险储备及再订货点。

(2)五环公司每年需要某零配件10 000件,订货成本为每次200元,储存成本为每件25元。公司在交货期内的平均需求量是40件。为避免可能的缺货成本,公司准备持有0~30件保险储备,并对不同保险储备下的缺货成本进行了估算,如表17-2所示。

表17-2　　　　　五环公司不同保险储备水平下的缺货成本表

保险储备(件)	缺货成本(元)
0	2 500
5	1 250
10	600
15	250
20	120
25	50
30	0

(3)天星公司实行了ABC存货管理法来管理企业的存货,存货的数量及单价情况如表17-3所示。其他20种存货的金额为238元。请根据已知资料为天星公司建立存货分类管理模型并进行存货分类。

表17-3　　　　　　　天星公司存货明细表

序号	存货名称	存货数量	单价(元)	总金额(元)
1	电视机	150	3 560	
2	电冰箱	110	3 660	
3	电饭煲	80	85	
4	电熨斗	20	62	
5	自行车	100	380	
6	手 表	200	180	
7	呢绒布	1 200	60	
8	棉 布	30 000	12	
9	纱 布	1 000	3	
10	化纤布	5 000	10	

(续表)

序号	存货名称	存货数量	单价(元)	总金额(元)
11	高压锅	300	110	
12	洗面盆	400	22	
13	热水瓶	66	17	
14	热水袋	12	6	
15	自动伞	165	18	
16	书　包	35	26	
17	其他(20种)	—	—	238

四、实验步骤与实验结果

(一) 存货需求呈概率的保险储备模型

(1) 建立"存货需求呈概率的保险储备模型表",并在相应的位置输入已知数据。

(2) 参考表17-4所示的公式与函数,在相应的单元格中进行计算。公式的顺序以计算的先后顺序列示。在计算缺货的期望值时,可以先在D12单元格中写入公式,并在公式中将C19与B19单元格用$将行与列完全固定,选择D12单元格,当光标在右下角变为黑色"+"字形时向下拖拉即可完成公式的复制。

表17-4　　　　　　　　　　工　作　表

单元格	公式与函数	单元格	公式与函数
F3	=SQRT(2×C3×C4/C5)	F4	=F3/2×C5+C3/F3×C4
F5	=C3/F3	F6	=360/F5
F7	=C7	F8	=F3/2×C8
C12:C19	{=IF(A12:A19<=F7,0,A12:A19−F7)}		
D12	=SUMPRODUCT(C12:$C$19−C12,B12:$B$19)		
D13	=SUMPRODUCT(C13:$C$19−C13,B13:$B$19)		
D14	=SUMPRODUCT(C14:$C$19−C14,B14:$B$19)		
D15	=SUMPRODUCT(C15:$C$19−C15,B15:$B$19)		
D16	=SUMPRODUCT(C16:$C$19−C16,B16:$B$19)		
D17	=SUMPRODUCT(C17:$C$19−C17,B17:$B$19)		
D18	=SUMPRODUCT(C18:$C$19−C18,B18:$B$19)		
D19	=SUMPRODUCT(C19:$C$19−C19,B19:$B$19)		
E12:E19	{=C12:C19×C5+D12:D19×C6×F5}		
F12:F19	{=C12:C19+F7}		
C20	=MIN(E13:E19)		
C21	=VLOOKUP(C20,E11:F19,2,FALSE)		

(3) 计算结果如表 17-5 所示。

表 17-5　　　　　　　　　　　计 算 结 果 表

	A	B	C	D	E	F
1	存货需求呈概率的保险储备模型					
2	基础数据区			计算区		
3	年需求量(件)		10 000	经济订货批量(件)		500
4	单位订货成本(元)		250	存货总成本(元)		10 000
5	单位储存成本(元)		20	订货次数(次)		20
6	单位缺货成本(元)		4	最佳订货周期(天)		18
7	交货期内正常需用量(件)		100	再订货点(件)		100
8	存货单价(元)		10	存货占用资金(元)		2 500
9						
10	交货期的存货需求量及概率			与保险储备有关的总成本计算表		
11	需求量(件)	概率	保险储备(件)	缺货的期望值(件)	总成本(元)	再订货点
12	70	1%	0	4.6	368	100
13	80	4%	0	4.6	368	100
14	90	15%	0	4.6	368	100
15	100	50%	0	4.6	368	100
16	110	20%	10	1.6	328	110
17	120	5%	20	0.6	448	120
18	130	4%	30	0.1	608	130
19	140	1%	40	0	800	140
20	最小成本(元)			328		
21	再订货点			110		

结果分析：从表中的计算结果来看，最小总成本为 328 元，此时的保险储备量为 10 件，加上交货期内的正常需要量 100 件，则企业含保险储备的最佳再订货点为 110 件。

(二) 估算的保险储备再订货点模型

(1) 建立新的"含保险储备的再订货点模型"表，并在相应的单元格内输入已知数据。

(2) 参考表 17-6 所示的公式或函数，并在相应的单元格内进行计算。

表 17-6　　　　　　　　工　作　表

单元格	公式或函数	单元格	公式或函数
G2	=SQRT(2×C2×C3/C4)	G3	=C2/G2
C9:C15	{=B9:B15+C5}	D9:D15	{=B9:B15+G2/2}
E9:E15	{=G3×C3}	F9:F15	{=D9:D15×C4}
H9:H15	{=SUM(E9:G9)}	A9:A15	{=H9:H15}
G4	=MIN(H9:H15)	G5	=VLOOKUP(G4,A8:C15,2,FALSE)
G6	=VLOOKUP(G4,A8:C15,3,FALSE)		

(3) 计算结果如表 17-7 所示。

表 17-7　　　　　　　　　　　　计 算 结 果 表

	A	B	C	D	E	F	G	H
1	考虑缺货成本的保险储备量和再订货点计算模型							
2	每年需要量(件)		10 000		经济批量		400	
3	订货成本(每次)		200		订货次数		25	
4	储存成本(每件)		25		最低总成本		10 620	
5	交货期平均需求量(件)		40		最优保险储备		20	
6	保险储备(件)		0—30		最优再订货点		60	
7								
8	总成本	保险储备(件)	再订货点	平均存货	订货成本	储存成本	缺货成本	总成本
9	12 500	0	40	200	5 000	5 000	2 500	12 500
10	11 375	5	45	205	5 000	5 125	1 250	11 375
11	10 850	10	50	210	5 000	5 250	600	10 850
12	10 625	15	55	215	5 000	5 375	250	10 625
13	10 620	20	60	220	5 000	5 500	120	10 620
14	10 675	25	65	225	5 000	5 625	50	10 675
15	10 750	30	70	230	5 000	5 750	0	10 750

结果分析：从表中可以看出，总成本为订货成本、储存成本及缺货成本三者之和，订货成本不受保险储备量多少的影响，企业留的保险储备数量越多，储存成本越高，但缺货的可能性下降，缺货成本越少。当企业持有 20 件保险储备时，企业持有存货的总成本最低，此时的最优再订货点为 60 件，即当库存量降为 60 件时，企业就应该订货了。

(三) ABC 存货分类管理模型

(1) 建立"ABC 存货分类管理模型"表，并在相应的单元格中输入已知数据，如表 17-8 所示。

表 17-8　　　　　　　　　　　　　工 作 表

	A	B	C	D	E	F	G	H
1	ABC 存货分类管理计算模型							
2	序号	存货名称	存货数量	单价	占用资金	单项比重%	累计比重%	类别
3	1	电视机	150	3 560				
4	2	电冰箱	110	3 660				
5	3	电饭煲	80	85				
6	4	电熨斗	20	62				
7	5	自行车	100	380				

(续表)

	A	B	C	D	E	F	G	H
8	6	手　表	200	180				
9	7	呢绒布	1 200	60				
10	8	棉　布	30 000	12				
11	9	纱　布	1 000	3				
12	10	化纤布	5 000	10				
13	11	高压锅	300	110				
14	12	洗面盆	400	22				
15	13	热水瓶	66	17				
16	14	热水袋	12	6				
17	15	自动伞	165	18				
18	16	书　包	35	26				
19	17	其他(20种)	—	—	238			
20		合　计						

(2) 参考表17-9所示的公式与函数在相应的单元格里进行计算。由于结果需要排序，因此此模型不能使用数组，可以使用拖拉进行公式复制。在E3单元格中写入公式＝C3×D3，点选E3单元格，当光标在单元格右下角变为黑色"＋"形时，向下拖拉至E18；同样的参考表17-9，在单元格F3中输入公式后，固定住E20单元格，向下拖拉至F19结束；在G3、H3单元格中输入公式后，向下拖拉复制公式分别至G19、H19单元格。在整体求出的结果中选定A2：H20单元格区域，点选【数据】菜单，选择【排序】，从弹出的对话框中，【主要关键字】下拉列表选择"单项比重％"，排序依据在下拉列表中选择"数值"，次序在下拉列表中选择"降序"，然后点"确定"。

表17-9　　　　　　　　　　工　作　表

单元格	公式或函数	单元格	公式或函数
E3	＝C3×D3	F3	＝E3/＄E＄20
G3	＝IF(ISTEXT(G2),F3,F3＋G2)		
H3	＝IF(G3＜＝0.7,"A",IF(G3＜＝0.9,"B","C"))		
E20	＝SUM(E3:E19)	F20	＝SUM(F3:F19)

(3) 计算的结果如表17-10所示。

表17-10　　　　　　　　　　计算结果表

	A	B	C	D	E	F	G	H
1			ABC存货分类管理计算模型					
2	序号	存货名称	存货数量	单价	占用资金	单项比重％	累计比重％	类别
3	1	电视机	150	3 560	534 000	34.43％	34.43％	A
4	2	电冰箱	110	3 660	402 600	25.96％	60.40％	A

(续表)

	A	B	C	D	E	F	G	H
5	8	棉　布	30 000	12	360 000	23.21%	83.61%	B
6	7	呢绒布	1 200	60	72 000	4.64%	88.25%	B
7	10	化纤布	5 000	10	50 000	3.22%	91.48%	C
8	5	自行车	100	380	38 000	2.45%	93.93%	C
9	6	手　表	200	180	36 000	2.32%	96.25%	C
10	11	高压锅	300	110	33 000	2.13%	98.38%	C
11	12	洗面盆	400	22	8 800	0.57%	98.95%	C
12	3	电饭煲	80	85	6 800	0.44%	99.38%	C
13	9	纱　布	1 000	3	3 000	0.19%	99.58%	C
14	15	自动伞	165	18	2 970	0.19%	99.77%	C
15	4	电熨斗	20	62	1 240	0.08%	99.85%	C
16	13	热水瓶	66	17	1 122	0.07%	99.92%	C
17	16	书　包	35	26	910	0.06%	99.98%	C
18	17	其他(20种)	—	—	238	0.02%	100.00%	C
19	14	热水袋	12	6	72	0.00%	100.00%	C
20		合　计			1 550 752	100.00%		

结果分析：从计算的结果可以看出，通过排序，资金占比大的存货放于最上面，电视机、电冰箱均为A类存货，数量少、金额高，应重点管理。B类存货一般管理，C类存货数量多，金额占比小，可隔段时间清查一次。

五、课外实训与练习

（1）华光公司拟采购4种存货，如表17-11所示，存货将陆续到货。此外，供应商对于一次购买某货品数量达到或超过规定限度的客户，在价格上给予优惠。

供应商提出的数量折扣2%的条件为：甲材料订货数量大于等于400千克、乙材料订货数量大于等于450千克、丙材料订货数量大于等于500千克、丁材料订货数量大于等于500千克。为了考虑数量折扣这一新的变化，该公司将决策模型进行改进：除了订货成本和储存成本之外，采购成本也成了决策中的相关成本。

表17-11　　　　　　　　　　企业存货基本数据表

存货名称	甲材料	乙材料	丙材料	丁材料
材料年需要量 D	18 000	20 000	30 000	25 000
一次订货成本 K	25	25	25	25
单位储存成本 C	2	3	4	3
每日送货量 P	100	200	300	250
每日耗用量 d	20	30	40	25
数量折扣 d'	2%	2%	2%	2%
单价 U	10	20	30	25

要求:当每种存货订货多少时,总成本最低?请建立模型进行分析。

(2) 中广银集团产品销售面广,分别在北京、香港、纽约、东京设立销售公司,并销售公司的产品。每个销售公司负责本地区的销售市场,各区域市场的最大需求和平均销售价格如表17-12所示。

表17-12　　　　　　　　　　各区域最大需求与价格统计表

销售公司	北京	香港	纽约	东京
市场价($/ton)	55 500	61 100	57 800	62 650
需求(tons/yr)	150	75	200	100

该集团在中国和其他地区设立了4个工厂生产产品供全球销售。每个生产厂的单位产品成本、固定成本、产能如表17-13所示。

表17-13　　　　　　　　　　　各生产厂数据表

生产型公司的数据	单位成本($/ton)	固定成本($ 000)	产能(tons/yr)
A工厂	34 900	1 800	100
B工厂	32 200	2 750	200
C工厂	38 350	2 100	121
D工厂	23 400	1 950	250

运输成本包括运费和税金,如表17-14所示。

表17-14　　　　　　　　　　　　运输成本表

每吨成本、从工厂到市场	北京	香港	纽约	东京
A工厂	—	12 225	9 075	21 450
B工厂	4 500	16 500	13 350	17 850
C工厂	9 150	12 600	—	12 525
D工厂	21 450	18 450	15 150	5 925

集团管理层希望财务部给出这样的决策方案:在每个工厂产能允许、同时最大限度满足市场需求的情况下,实现集团利润最大化目标的年生产和运输预算的决策方案。

第七章
资本收益分配管理

实验十八 股利政策的选择

公司对其收益进行分配或留存的决策是股利政策所涉及的主要问题,在投资决策既定的情况下,公司股利政策的选择取决于公司是否用留存收益(内部筹资)或以出售新股票(外部筹资)来融通投资所需要的股权资本,实际上这也是公司筹资政策的选择,即将股利政策视为筹资的一个组成部分。股利政策是指公司制企业向股东分派股利,是企业利润分配的一部分。股利分配涉及的方面很多,如股利支付程序中各日期的确定、股利分配政策的确定和内部筹资、股利支付形式的确定、支付现金股利所需资金的筹集方式的确定等。其中最主要的是股利分配政策的确定,特别是确定股利的支付比率,即用多少盈余发放股利,多少盈余为公司所留用(称为内部筹资),因为这可能会对公司价值产生影响。

一、实验目的

掌握股利分配中的有关规定、股利理论和股利分配政策等问题。

二、实验原理

(一)相关股利理论

股利分配作为财务管理的一部分,同样对公司价值产生一定影响,在股利分配对公司价值影响这一问题上存在不同的观点。主要有:

1. 股利无关论

股利无关论认为在完善的资本市场条件下,企业价值取决于投资决策与融资决策所决定的资产的获利能力,而不是盈利在股利和留存收益之间的分割方式,因此股利分配对公司的市场价值(或股票价格)不会产生影响。投资者并不关心公司股利的分配;股利的支付比率不影响公司的价值。

2. 股利相关论

股利无关论是建立在完美市场假设的基础上的,而事实上,市场并不是完美的,信息的不对称、税收和交易成本的存在、投资者的非理性行为等使股利无关论的假设条件不能成立，所以股利政策与企业价值并非无关而是相关的。公司的股利分配是在种种制约因素下进行的，这些影响因素主要有：

（1）法律因素。①资本保全。规定公司不能用资本（包括股本和资本公积）发放股利；②企业积累。规定公司必须按净利润的一定比例提取法定盈余公积金；③净利润。规定公司年度累计净利润必须为正数时才可发放股利，以前年度亏损必须足额弥补；④超额累计利润。由于股东接受股利交纳的所得税高于其进行股票交易的资本利得税，于是许多国家规定公司不得超额累计利润，一旦公司的保留盈余超过法律认可的水平，将被加征额外税额。我国法律对公司累计利润尚未做出限制性规定。

（2）股东因素。①稳定的收入和避税；②控制权的稀释。公司支付较高的股利，就会导致留存收益减少，意味着将来发行新股的可能性加大，而发行新股必然稀释公司的控制权，因此，若他们拿不出更多的资金购买新股以满足公司的需要，宁肯不分配股利且反对募集新股。

（3）公司的因素。①盈余的稳定性。公司是否能获得长期稳定的盈余，是其股利决策的重要基础。盈余相对稳定的公司能够更好地把握自己，有可能支付比盈余不稳定的公司高的股利；而盈余相对不稳定的公司一般采取低股利政策。低股利政策可以减少因盈余下降而造成的股利无法支付、股价急剧下降的风险，还可将更多的盈余再投资，以提高公司权益资本比重，减少财务风险；②资产的流动性。较多地支付现金股利，会减少公司的现金持有量，使资产的流动性降低；而保持一定的资产流动性，是公司经营所必需的；③举债能力。具有较强举债能力的公司因为能够及时地筹措到所需的资金，有可能采取较宽松的股利政策；而举债能力弱的公司则不得不多滞留盈余，因而往往采取较紧的股利政策；④投资机会。有良好投资机会的公司，需要有强大的资金支持，因而往往少发放股利，将大部分盈余用于投资；缺乏良好投资机会的公司，保留大量现金会造成资金的闲置，于是倾向于支付较高的股利。因此，处于成长中的公司，多采取低股利政策；稳定发展的公司，多采用高股利政策；⑤资本成本。与发行新股相比，保留盈余不需花费筹资费用，是一种比较经济的筹资渠道。所以，从资本成本考虑，如果公司有扩大资金的需要，也应采取低股利政策；⑥债务需要。具有较高债务偿还需要的公司，可以通过举借新债、发行新股筹集资金偿还债务，也可直接用经营积累偿还债务。如果公司认为后者适当的话（比如，前者资本成本高或受其他限制难以进入资本市场），将会减少股利的支付。

（4）其他因素。支付给股东的盈余与留在企业的盈余存在此消彼长的关系。所以股利分配既决定给股东分配多少红利，也决定有多少净利润留在企业。减少股利分配，会增加保留盈余，因而减少外部融资需求。

（二）相关股利政策

1. 剩余股利政策

主张企业的盈余首先用于可接受投资项目的资金需求。在满足了可接受投资项目的资金需求之后，若还有剩余，企业才能将剩余部分作为股利发放给股东。采用剩余股利政策意味着企业只能将投资需要剩余的盈余用于发放现金股利。这样做的根本理由是保持理想的资本结构，使加权平均资本成本最低。由此可见，剩余股利政策意味着股利政策是无关的，它是可接受投资项目多寡的被动处理。

2. 固定股利支付率政策

这是指公司确定一个股利占盈余的比率,长期按此比率支付股利的政策。在这种股利政策下,各年股利金额随公司经营的好坏而上下波动,获得较多盈余的年份股利额高,反之,获得盈余少的年份股利额低。主张实行固定股利支付率政策认为,这样做能够使股利与企业盈余紧密结合,以体现多盈多分、少盈少分、不盈不分的原则;只有维持固定的股利支付率,企业才算公平地对待了每一位股东。但股利通常被认为是企业未来前途的信息来源,这样做将对企业的股票价格产生不利影响。

3. 固定或持续增长的股利政策

这是指将每年发放的股利固定在某种固定的水平上并在较长的时期内不变,只有当公司认为未来盈余会显著地、不可逆转地增长时,才提高年度的股利发放额。不过,在通货膨胀的情况下,大多数公司的盈余会随之提高,且大多数投资者也希望公司能提供足以抵消通货膨胀不利影响的股利,因此,在长期通货膨胀的年代里,也应提高股利发放额。

主张固定或持续增长的股利政策认为稳定的股利向市场传递着公司正常发展的信息,有利于树立公司良好形象,增强投资者对公司的信心,稳定股票的价格;稳定的股利额有利于投资者安排股利收入和支出,特别是对那些对股利有着很高依赖性的股东更是如此。而股利忽高忽低的股票,则不会受这些股东的欢迎,股票价格会因此而下降;稳定的股利政策可能会不符合剩余股利理论,但考虑到股票市场会受到多种因素的影响,其中包括股东的心理状态和其他要求,因此为了使股利维持在稳定的水平上,即使推迟某些投资方案或者暂时偏离目标资本结构,也可能要比降低股利或降低股利增长率更为有利。其缺点在于股利的支付与盈余脱节,导致资金短缺,财务状况恶化。同时不能像剩余股利政策那样保持较低的资本成本。

4. 低正常股利加额外股利政策

这是公司一般情况下每年只支付固定的、数额较低的股利;在盈余多的年份,再根据实际情况向股东发放额外股利。但额外股利并不固定化,不意味着公司永久地提高了规定的股利率。主张低正常股利加额外股利政策的人认为,这种股利政策使公司具有较大的灵活性;可使那些依靠股利度日的股东每年至少可以得到虽然较低,但比较稳定的股利收入,从而吸引住这部分股东。

三、实验材料

天河公司正在研究其股利分配政策。目前该公司发行在外的普通股共100万股,净资产200万元,今年每股支付1元股利。预计未来3年的税后利润和需要追加的资本性支出如表18-1所示。

表18-1　　　　　　　　　　　　未 来 数 据 表

年份	1	2	3
税后利润(万元)	200	250	200
资本支出(万元)	100	500	200

假设公司目前没有借款并希望逐步增加负债的比重,但是资产负债率不能超过30%。

筹资时优先使用留存收益,其次是长期借款,必要时增发普通股。假设上表给出的"税后利润"可以涵盖增加借款的利息,并且不考虑所得税的影响。增发股份时,每股面值1元,预计发行价格每股2元,假设增发的股份当年不需要支付股利,下一年开始发放股利。

要求:(1) 假设维持目前的每股股利,计算各年需要增加的借款和股权资金。

(2) 假设采用剩余股利政策,计算各年需要增加的借款和股权资金。

四、实验步骤与实验结果

(1) 新建"股利分配的政策选择"工作表,并在相应的位置录入已知数据,如表18-2所示。

表 18-2　　　　　　　　　　　工　作　表

	A	B	C	D
1	股利分配的政策选择			
2	输入区			
3	预计未来3年的税后利润和需要追加的资本性支出			
4	年份	1	2	3
5	税后利润(万元)	200	250	200
6	资本支出(万元)	100	500	200
7	增发股份信息			
8	每股面值(元)	1		
9	预计发行价格(元)	2		
10	其他已知资料			
11	项目	数额		
12	目前流通股股数(万股)	100		
13	目前净资产(万元)	200		
14	目前每股股利(元)	1		
15	资产负债率限定百分比	30%		

(2) 参考表18-3所示的公式或函数在单元格中进行计算。

表 18-3　　　　　　　　　　　工　作　表

	A	B	C	D
16	输出区			
17	假设维持目前的每股股利,计算各年需要增加的借款和股权资金			
18	年份	1	2	3
19	需要资本支出(万元)	=B6	=C6	=D6
20	税后利润(万元)	=B5	=C5	=D5
21	股利(万元)	=B12×B14	=B14×B29	=C29×B14

(续表)

	A	B	C	D
22	留存收益补充资金(万元)	=B20－B21	=C20－C21	=D20－D21
23	需要外部筹资(万元)	=B19－B22	=C19－C22	=D19－D22
24	长期资本总额(万元)	=B13+B19	=B24+C19	=C24+D19
25	累计借款上限(万元)	=B23	=C24×\$B\$15	=D24×\$B\$15
26	增加长期借款(万元)	=B25	=C25－B26	=D25－C26
27	需要增发股权资金(万元)	=B23－B26	=C23－C26	=D23－D26
28	需要增发股数(万股)	=B27/\$B\$9	=C27/\$B\$9	=D27/\$B\$9
29	增发后股份总数(万股)	=B28+B12	=B29+C28	=C29+D28
30	假设采用剩余股利政策,计算各年需要增加的借款和股权资金			
31	年份	1	2	3
32	需要资本支出(万元)	=B6	=C6	=D6
33	税后利润(万元)	=B5	=C5	=D5
34	可分配利润(或资金不足)(万元)	=B33－B32	=C33－C32	=D33－D32
35	股利(万元)	=B12×B14	0	0
36	留存收益补充资金(万元)	=B33－B34	=C33	=D33
37	需要外部筹资(万元)	=B32－B36	=C32－C36	=D32－D36
38	长期资本总额(万元)	=B13+B36	=B38+C32	=C38+D32
39	累计借款上限(万元)	=B37	=C38×B15	=D38×B15
40	增加长期借款(万元)	=B39	=C39－B40	=D37
41	需要增发股权资金(万元)	=B37	=C37－C40	=D37－D40
42	需要增发股数(万股)	=B41/\$B\$9	=C41/\$B\$9	=D41/\$B\$9
43	增发后股份总数(万股)	=B12+B42	=B43+C42	=C43+D42

(3) 计算的结果如表 18-4 所示。

表 18-4　　　　　　　　工 作 表

	A	B	C	D
16		输出区		
17	假设维持目前的每股股利,计算各年需要增加的借款和股权资金			
18	年份	1	2	3
19	需要资本支出(万元)	100	500	200
20	税后利润(万元)	200	250	200
21	股利(万元)	100	100	155
22	留存收益补充资金(万元)	100	150	45

(续表)

	A	B	C	D
23	需要外部筹资(万元)	0	350	155
24	长期资本总额(万元)	300	800	1 000
25	累计借款上限(万元)	0	240	300
26	增加长期借款(万元)	0	240	60
27	需要增发股权资金(万元)	0	110	95
28	需要增发股数(万股)	0	55	47.5
29	增发后股份总数(万股)	100	155	202.5
30	假设采用剩余股利政策,计算各年需要增加的借款和股权资金			
31	年份	1	2	3
32	需要资本支出(万元)	100	500	200
33	税后利润(万元)	200	250	200
34	可分配利润(或资金不足)(万元)	100	−250	0
35	股利(万元)	100	0	0
36	留存收益补充资金(万元)	100	250	200
37	需要外部筹资(万元)	0	250	0
38	长期资本总额(万元)	300	800	1 000
39	累计借款上限(万元)	0	240	300
40	增加长期借款(万元)	0	240	0
41	需要增发股权资金(万元)	0	10	0
42	需要增发股数(万股)	0	5	0
43	增发后股份总数(万股)	100	105	105

五、课外实训与练习

大洋股份有限公司 2015 年底的股东权益总额为 8 000 万元,发行在外的普通股为 6 000 万股。目前的资本结构为:长期负债占 60%,股东权益占 40%。公司没有需要付息的流动负债,企业所得税税率为 25%。

公司董事会在讨论明年任务时提出:①希望明年分配现金股利 0.05 元/股;②为新的投资项目筹集 4 000 万元的资金;③明年依然维持现有的资本结构,并且不增发新股,也不形成短期借款,公司提取的折旧等也已经有了指定的用途。

要求:测算明年实现公司董事会要求所需要的最低税前利润。

第八章
财务分析与危机预警

实验十九 财务分析

财务分析是财务管理的重要组成部分,是应用财务报表数据进行汇总、计算、对比,研究和评价企业过去与现在的财务状况、经营成果以及今后发展趋势的一种重要方法。财务报表分析对公司经理、投资人、贷款人和企业经理人员来说,都是至关重要的。本实验着重讨论应用 EXCEL 建立财务比率分析模型和综合分析模型的方法。

一、实验目的

掌握财务报表分析的目的和方法;
利用 EXCEL 提供的函数及公式,掌握比率分析模型的设计及计算;
掌握杜邦分析模型的设计方法;
掌握趋势分析图的制作方法。

二、实验原理

(一) 主要财务比率

1. 短期偿债能力比率

流动比率:是流动资产除以流动负债的比值。它可以反映短期偿债能力。一般认为,合理的最低的流动比率是 2。

计算公式:

$$流动比率 = \frac{流动资产}{流动负债}$$

速动比率:由于存货的销售需要时间,因此速动比率是从流动资产中扣除存货部分,再除以流动负债的比值。它所反映的短期偿债能力更可信。通常认为正常的速动比率是 1。

计算公式:

$$速动比率 = \frac{流动资产 - 存货}{流动负债}$$

2. 资产运营效率比率

营业周期是指从取得存货开始到销售存货并收回现金为止的时间。营业周期越短,说明资金周转速度越快。

计算公式:

$$营业周期 = 存货周转天数 + 应收账款周转天数$$

存货周转率是衡量和评价企业购入存货、投入生产、销售收回等环节管理状况的综合性指标。具体有存货周转次数和存货周转天数。存货周转次数是销售成本与平均存货余额的比值;存货周转天数是用时间表示的存货周转率指标。一般来讲,存货周转速度越快,存货的占用水平就越低,资产流动性就越强,存货转为现金或应收账款的速度就越快。

计算公式:

$$存货周转次数 = \frac{主营业务成本}{平均存货余额}$$

$$存货周转天数 = \frac{360}{存货周转次数}$$

应收账款周转率反映企业管理应收账款方面的效率。其指标为应收账款周转次数和应收账款周转天数。应收账款周转次数是销售收入与平均应收账款余额的比值,反映了年度内应收账款转为现金的平均次数;应收账款周转天数是用时间表示的周转速度,表示企业从取得应收账款的权利到收回款项所需要的时间。一般说来,应收账款周转率越高,平均收账期越短,说明应收账款收回的越快。

计算公式:

$$应收账款周转次数 = \frac{主营业务收入}{平均应收账款余额}$$

$$应收账款周转天数 = \frac{360}{应收账款周转次数}$$

流动资产周转率是销售收入与全部流动资产平均余额的比值。反映流动资产的周转速度。周转速度越快,会相对节约流动资产,相对扩大长期资产投入,增强企业盈利能力。

计算公式:

$$流动资产周转率 = \frac{主营业务收入}{平均流动资产余额}$$

总资产周转率是销售收入与平均资产总额的比值。从总体上反映企业资产利用的效率。总资产周转率越高,说明资产周转速度越快,销售能力越强。

计算公式:

$$总资产周转率 = \frac{主营业务收入}{平均资产总额}$$

3. 资本结构及长期偿债能力比率

资产负债率是负债总额与资产总额的比率,反映了在总资产中有多大比例的资金来源是通过举债筹集的,也可以衡量企业在清算时保护债权人利益的程度。

计算公式:

$$资产负债率 = \frac{负债总额}{资产总额} \times 100\%$$

产权比率是负债总额与股东权益总额的比值。反映债权人提供的资本与股东提供的资本的相对关系,反映企业基本财务结构是否稳定。一般说来,股东资本大于借入资本较好,但不能一概而论。产权比率高,是高风险、高报酬的财务结构。同时,产权比率也表示债权人投入的资本受到股东权益保障的程度。

计算公式:

$$产权比率 = \frac{负债总额}{股东权益总额} \times 100\%$$

有形净值债务率是企业负债总额与有形净值的比值。有形净值等于股东权益减去无形资产净值。该指标实质上是产权比率的延伸,更为谨慎、保守地反映在企业清算中债权人投入的资产受到股东权益保障的程度。从长期偿债能力来讲,该比率越低,说明企业的财务风险越小。

计算公式:

$$有形净值债务率 = \frac{负债总额}{(股东权益 - 无形资产净值)} \times 100\%$$

已获利息倍数是企业经营业务收益与利息费用的比值,用以衡量偿付借款利息的能力。反映了企业的经营收益支付债务利息的能力。该比率越高,说明偿债能力越强。

计算公式:

$$已获利息倍数 = \frac{息税前利润}{利息费用}$$

4. 盈利能力比率

盈利能力是企业赚取利润的能力。指标由销售净利率、销售毛利率、资产报酬率、净资产报酬率等。

销售净利率是净利与销售收入的比值。反映每一元销售收入带来净利润的多少,表示销售收入的收益水平。

计算公式:

$$销售净利率 = \frac{净利润}{主营业务收入} \times 100\%$$

销售毛利率是销售毛利与销售收入的比值。反映每一元销售收入扣除销售成本后有多少剩余用于期间费用的补偿和形成盈利。毛利率越大,通过销售获取利润的能力就越强。

计算公式:

$$销售毛利率 = \frac{主营业务收入 - 主营业务成本}{主营业务收入} \times 100\%$$

资产报酬率是企业净利润与平均资产的比率。表明了企业资产利用的综合效果,是一个综合指标,该指标越高,资产的利用效果就越好。

计算公式:

$$资产报酬率 = \frac{净利润}{平均资产总额} \times 100\%$$

净资产报酬率是净利润与平均股东权益(所有者权益)的比率。反映股东权益(所有者权益)的收益水平,该指标越高,说明投资给股东带来的收益就越高。

计算公式:

$$净资产报酬率 = \frac{净利润}{平均股东权益} \times 100\%$$

5. 与上市公司有关的比率

市价比率是指普通股每股市价和每股盈余、每股账面价值的比率。它是前4项指标的综合反映,管理者可据以了解投资人对公司的评价。每股盈余是衡量股份制企业盈利能力的指标之一。该指标反映每一股份的获利水平。指标越高,每一股份可获得的利润越多,股东的投资效益就越好,反之则差。

计算公式:

$$每股盈余 = \frac{净利润 - 优先股股利}{流通股股数}$$

市盈率是每股市价与每股盈余的比率,是衡量股份制企业盈利能力的指标之一。该指标反映投资者每1元利润愿意支付的价格。一般来说,指标越高,说明公众对该股票的评价越高。

计算公式:

$$市盈率 = \frac{每股市价}{每股盈余}$$

每股股利是股利总额与流通股股数的比率。反映每股普通股获得现金股利的情况。

计算公式:

$$每股股利 = \frac{股利总额}{流通股股数}$$

股利支付率是普通股每股股利与每股盈余的比率。反映净利润中股利发放的程度,即普通股股东从每股的全部获利中分到手中部分的多少。

计算公式:

$$股利支付率 = \frac{每股股利}{每股盈余} \times 100\%$$

(二)财务分析方法

为了正确揭示各种会计数据之间存在的重要关系,全面反映公司的财务状况和经营成果,报表使用者通常采用比较分析法、比率分析法、趋势分析法、组合分析法、因素分析法等方法进行报表分析。

比较分析法是对两个有关的项目或指标数值进行对比,揭示差异和矛盾的一种分析方法。可以将本期的实际数据与前期的实际数据进行比较,了解企业财务状况及发展趋势;可以将本期的实际数据与计划数据进行比较,考核企业管理层受托责任的完成情况,分析达成长期目标的可能性;可以将本期的实际数据与同行业同类数据相比较,便于找出企业与行业标杆企业的差距,制定新的目标,增强企业的竞争力。

比率分析法是通过分析计算反映财务报表中的各项目之间相互关系的比率,并同标准比率相比较,从而评价企业财务状况和经营成果的一种方法。比率分析法能够揭示数据间的内在联系,适用于不同经营规模企业之间的比较。可分为构成比率、效率比率和相关比率。

趋势分析法是一种动态分析方法,通过对比两期或连续若干期财务报告中的相同指标或数值,确定其增减变动的方向或幅度来说明企业财务状况和经营成果的变动趋势的一种方法。

因素分析法是依据分析指标与其影响因素之间的关系,从数值上确定各因素对分析指标的差异的影响程度的一种方法。企业活动是一个有机整体,每个指标的高低变化都会受到若干因素的影响,运用因素分析法可以帮助人们寻找问题成因,抓住主要矛盾,有助于下一步有针对性地解决问题,并为企业内部考核提供依据。

(三) 杜邦分析法

杜邦分析法是一种综合分析方法,是一种用来评价企业盈利能力和股东权益回报水平,从财务角度评价企业绩效的一种经典方法。它以净资产收益率作为核心和起点,利用各主要财务比率之间的内在联系,将净资产收益率逐级分解为多项财务比率乘积。其公式如下:

$$ROE = 销售净利率 \times 总资产周转率 \times 权益乘数$$

三、实验材料

1. 天河公司2015年12月31日的资产负债表、利润表、现金流量表如表19-1、表19-2、表19-3所示。公司普通股平均股数1 500万股,普通股平均股价16元,每股股利0.61元。

要求:①构建分析指标来评价企业短期偿债能力和长期偿债能力;②构建企业的杜邦综合分析模型,进行财务全面分析。

表 19-1   2015年12月31日资产负债表   单位:万元

	A	B	C	D	E	F
1	资产	年初数	年末数	负债及所有者权益	年初数	年末数
2	流动资产:			流动负债:		
3	货币资金	340.00	490.00	短期借款	400.00	420.00
4	交易性金融资产	30.00	80.00	交易性金融负债		
5	应收票据	20.00	15.00	应付票据	50.00	70.00
6	应收账款	643.50	683.10	应付账款	264.00	355.00

（续表）

	A	B	C	D	E	F
7	预付账款	14.00	14.00	预收账款	20.00	10.00
8	应收利息	3.00		应付职工薪酬	0.80	0.60
9	应收股利	5.00		应交税费	40.00	50.00
10	其他应收款	13.50	4.90	应付利息	12.00	
11	存货	580.00	690.00	应付股利	8.00	
12	1年内到期非流动资产	30.00		其他应付款	20.20	24.40
13	其他流动资产	31.00	3.00	1年内到期非流动负债	80.00	62.00
14				其他流动负债	5.00	8.00
15	流动资产合计	1 710.00	1 980.00	流动负债合计	900.00	1 000.00
16	非流动资产：			非流动负债：		
17	可供出售金融资产	20.00	20.00	长期借款	500.00	400.00
18	持有至到期投资	30.00	30.00	应付债券	320.00	420.00
19	长期应收款	10.00	10.00	长期应付款	90.00	150.00
20	长期股权投资	30.00	90.00	专项应付款	14.00	50.00
21	投资性房地产	20.00	30.00	预计负债		50.00
22	固定资产	1 800.00	2 150.00	递延所得税负债		
23	在建工程	100.00	80.00	其他非流动负债		
24	工程物资	30.00	50.00	非流动负债合计	924.00	1 070.00
25	固定资产清理	11.00		负债合计	1 824.00	2 070.00
26	生产性生物资产	9.00	20.00	股东权益：		
27	油气资产			股本	1 500.00	1 500.00
28	无形资产	20.00	32.00	资本公积	131.00	240.00
29	开发支出			减：库存股		
30	商誉			盈余公积	220.00	459.00
31	长期待摊费用	10.00	8.00	未分配利润	125.00	231.00
32	递延所得税资产			所有者权益合计	1 976.00	2 430.00
33	非流动资产合计	2 090.00	2 520.00			
34	资产合计	3 800.00	4 500.00	负债及所有者权益合计	3 800.00	4 500.00

表 19-2　　　　　　　　　　　　2015 年利润表　　　　　　　　　　　单位:万元

	A	B	C
1	项目	本期金额	上期金额
2	一、营业收入	9 371.40	8 257.00
3	减:营业成本	4 190.40	3 710.00
4	营业税金及附加	676.00	562.00
5	销售费用	1 370.00	1 255.00
6	管理费用	1 050.00	812.00
7	财务费用	325.00	308.00
8	资产减值损失		
9	加:公允价值变动收益		
10	投资收益	63.00	68.00
11	其中:对联营企业和合营企业的投资收益		
12	二、营业利润	1 823.00	1 678.00
13	加:营业外收入	8.50	9.80
14	减:营业外支出	15.50	5.40
15	其中:非流动资产处置损失		
16	三、利润总额	1 816.00	1 682.40
17	减:所得税	556.00	508.40
18	四、净利润	1 260.00	1 174.00
19	五、每股收益		
20	(一)基本每股收益(元)	0.84	0.78
21	(二)稀释每股收益(元)	0.84	0.78

表 19-3　　　　　　　　　　　　2015 年现金流量表　　　　　　　　　　单位:万元

	A	B	C
1	项目	本期金额	上期金额
2	一、经营活动产生的现金流量		
3	销售商品、提供劳务收到的现金	10 470.00	
4	收到的税费返还	450.00	
5	收到的其他与经营活动有关的现金	300.00	

(续表)

	A	B	C
6	经营活动现金流入小计	11 220.00	
7	购买商品、接受劳务支付的现金	6 630.00	
8	支付给职工以及为职工支付的现金	258.00	
9	支付的各项税费	2 542.00	
10	支付其他与经营活动有关的现金	470.00	
11	经营活动现金流出小计	9 900.00	
12	经营活动产生的现金流量净额	1 320.00	
13	二、投资活动产生的现金流量		
14	收回投资所收到的现金	105.00	
15	取得投资收益收到的现金	65.00	
16	处置固定资产、无形资产和其他长期资产所收回的现金净额	5.00	
17	处置子公司及其他营业单位收到的现金净额	4.00	
18	收到其他与投资活动有关的现金	6.00	
19	投资活动现金流入小计	185.00	
20	购置固定资产、无形资产和其他长期资产所支付的现金	855.00	
21	投资支付的现金	76.00	
22	取得子公司及其他营业单位支付的现金净额	10.00	
23	支付其他与投资活动有关的现金	4.00	
24	投资活动现金流出小计	945.00	
25	投资活动产生的现金流量净额	−760.00	
26	三、筹资活动产生的现金流量		
27	吸收投资收到的现金		
28	取得借款收到的现金	350.00	
29	收到其他与筹资活动有关的现金		
30	筹资活动现金流入小计	350.00	
31	偿还债务支付的现金	330.00	

(续表)

	A	B	C
32	分配股利、利润或偿付利息支付的现金	353.00	
33	支付的其他与筹资活动有关的现金	27.00	
34	筹资活动现金流出小计	710.00	
35	筹资活动产生的现金流量净额	−360.00	
36	四、汇率变动对现金及现金等价物的影响		
37	五、现金及现金等价物净增加额	200.00	
38	加:期初现金及现金等价物余额	370.00	
39	六、期末现金及现金等价物余额	570.00	

(2) 天星公司近4年报表中的主营业务收入、主营业务成本、销售及管理费用、利息支出数据如表19-4所示,请绘制天星公司的主营业务收入、主营业务成本及销售毛利趋势图并作初步分析。

表19-4　　　　　　　　　　天星公司历年财务数据　　　　　　　　　　单位:元

项目	2012年	2013年	2014年	2015年
主营业务收入	400 000	568 000	689 000	708 000
主营业务成本	250 000	200 000	280 000	500 000
销售及管理费用	50 000	80 000	90 000	70 000
利息支出	10 000	200 000	100 000	12 700

四、实验步骤与实验结果

(一) 基本财务比率模型

(1) 新建立"财务分析基础模型"工作表,并在表中输入已知数据。
(2) 参考表19-5所示的公式或函数,在相应的单元格中进行计算。

表19-5　　　　　　　　　　　　工　作　表

单元格	公式或函数
B5	=资产负债表!C17/资产负债表!F17
B6	=(资产负债表!C17−资产负债表!C13)/资产负债表!F17
B7	=(资产负债表!C5+资产负债表!C6)/资产负债表!F17
B8	=现金流量表!B14/资产负债表!F17
B9	=资产负债表!F27/资产负债表!C36

(续表)

单元格	公式或函数
B10	=资产负债表！F34/资产负债表！C36
B11	=资产负债表！C36/资产负债表！F34
B12	=资产负债表！F27/资产负债表！F34
B13	=资产负债表！F27/现金流量表！B14
B14	=(利润表！B18+利润表！B9)/利润表！B9
B15	=(现金流量表！B14+利润表！B9+利润表！B19)/利润表！
D5	=利润表！B4×2/(资产负债表！B8+资产负债表！C8)
D6	=360/D5
D7	=利润表！B5×2/(资产负债表！B13+资产负债表！C13)
D8	=360/D7
D9	=利润表！B4×2/(资产负债表！B17+资产负债表！C17)
D10	=利润表！B4×2/(资产负债表！B24+资产负债表！C24)
D11	=利润表！B4×2/(资产负债表！B36+资产负债表！C36)
F5	=利润表！B20×2/(资产负债表！C36+资产负债表！B36)
F6	=利润表！B20×2/(资产负债表！E34+资产负债表！F34)
F7	=(利润表！B4-利润表！B5)/利润表！B4
F8	=利润表！B20/利润表！B4
F9	=利润表！B20/SUM(利润表！B5:B9,利润表！B19)
F10	=利润表！B20/财务指标！B1
F11	=现金流量表！B14/财务指标！B1
F12	=B3/F10
F13	=资产负债表！F34/财务指标！B1
F14	=B2/F10
F15	=B2/F13
H5	=(利润表！B4-利润表！C4)/利润表！C4
H6	=(资产负债表！C36-资产负债表！B36)/资产负债表！B36
H7	=(资产负债表！F34-资产负债表！E34)/资产负债表！E34
H8	=(利润表！B18-利润表！C18)/利润表！C18

(3) 计算的结果如表 19-6 所示。

表 19-6 计算结果表

财务分析基础模型 2015 年

	A	B	C	D	E	F	G	H
1	普通股平均股数	1 500						
2	普通股平均股价	16						
3	每股股利	0.61						
4	偿债能力分析		营运能力分析		盈利能力分析		发展能力分析	
5	流动比率	1.98	应收账款周转次数	14.13	资产净利率	30.36%	销售增长率	13.50%
6	速动比率	1.29	应收账款周转天数	25.48	股东权益报酬率	57.19%	资产增长率	18.42%
7	现金比率	0.57	存货周转次数	6.60	销售毛利率	55.29%	股权资本增长率	22.98%
8	现金流量比率	1.32	存货周转天数	54.55	销售净利率	13.45%	利润增长率	7.94%
9	资产负债率	0.46	流动资产周转次数	5.08	成本费用净利率	15.43%		
10	股东权益比率	0.54	固定资产周转次数	4.75	每股利润	0.84		
11	权益乘数	1.85	总资产周转次数	2.26	每股现金流量	0.88		
12	产权比率	0.85			股利支付率	72.62%		
13	偿债保障比率	1.57			每股净资产	1.62		
14	利息保障倍数	6.59			市盈率	19.05		
15	现金利息保障倍数	6.77			市净率	9.88		

（二）杜邦分析模型

(1) 新建立"杜邦分析模型"工作表。

(2) 参考表19-7所示的公式或函数，在相应的单元格里进行计算。

表 19-7   工 作 表

单元格	公式或函数
B31	＝利润表！B6＋利润表！B19
B27	＝利润表！B8
B23	＝利润表！B5
B19	＝利润表！B4
B15	＝利润表！B20
H31	＝利润表！B16
H27	＝利润表！B9
H23	＝利润表！B7
H19	＝B23＋H23＋B27＋H27＋B31＋H31
H15	＝利润表！B4
M31	＝SUM(资产负债表！B30:B34,资产负债表！C30:C34)/2
M27	＝SUM(资产负债表！B19:B23,资产负债表！C19:C23)/2
M23	＝SUM(资产负债表！B24:B28,资产负债表！C24:C28)/2
M19	＝M23＋M27＋M31
R31	＝SUM(资产负债表！B14:C15)/2
P27	＝SUM(资产负债表！B7:B12,资产负债表！C7:C12)/2
T27	＝SUM(资产负债表！B13:C13)/2
T23	＝SUM(资产负债表！B6:C6)/2
P23	＝SUM(资产负债表！B5:C5)/2
R19	＝P23＋T23＋P27＋T27＋R31
M15	＝利润表！B4
R15	＝M19＋R19
D11	＝B15/H15
P11	＝M15/R15
G7	＝D11×P11
O7	＝((资产负债表！C36＋资产负债表！B36)/2)/((资产负债表！F34＋资产负债表！E34)/2)
L3	＝G7×O7

(3) 计算的结果如表19-8所示。从结果看，天河公司的权益净利率为57.19％，这个结果是由企业多种财务因素带来的综合成果。

(4) 杜邦分析模型的应用。

在天河公司的杜邦分析模型中，若假定管理费用由1 050万元降低到1 000万元，或销售费用由1 370万元上升到1 400万元，或者财务费用由326万元下降到300万元，如果以上3个因素单独变化，那么该企业的股东权益报酬率为多少？或者以上3个因素同时发生变化，则股东权益变化率为多少？反过来，若要实现某一特定的股东权益报酬率，比如从目前的57.19％变为60％，则企业的销售成本、管理费用，或销售费用、财务费用分别应控制在什么水平？

表 19-8 计算结果表

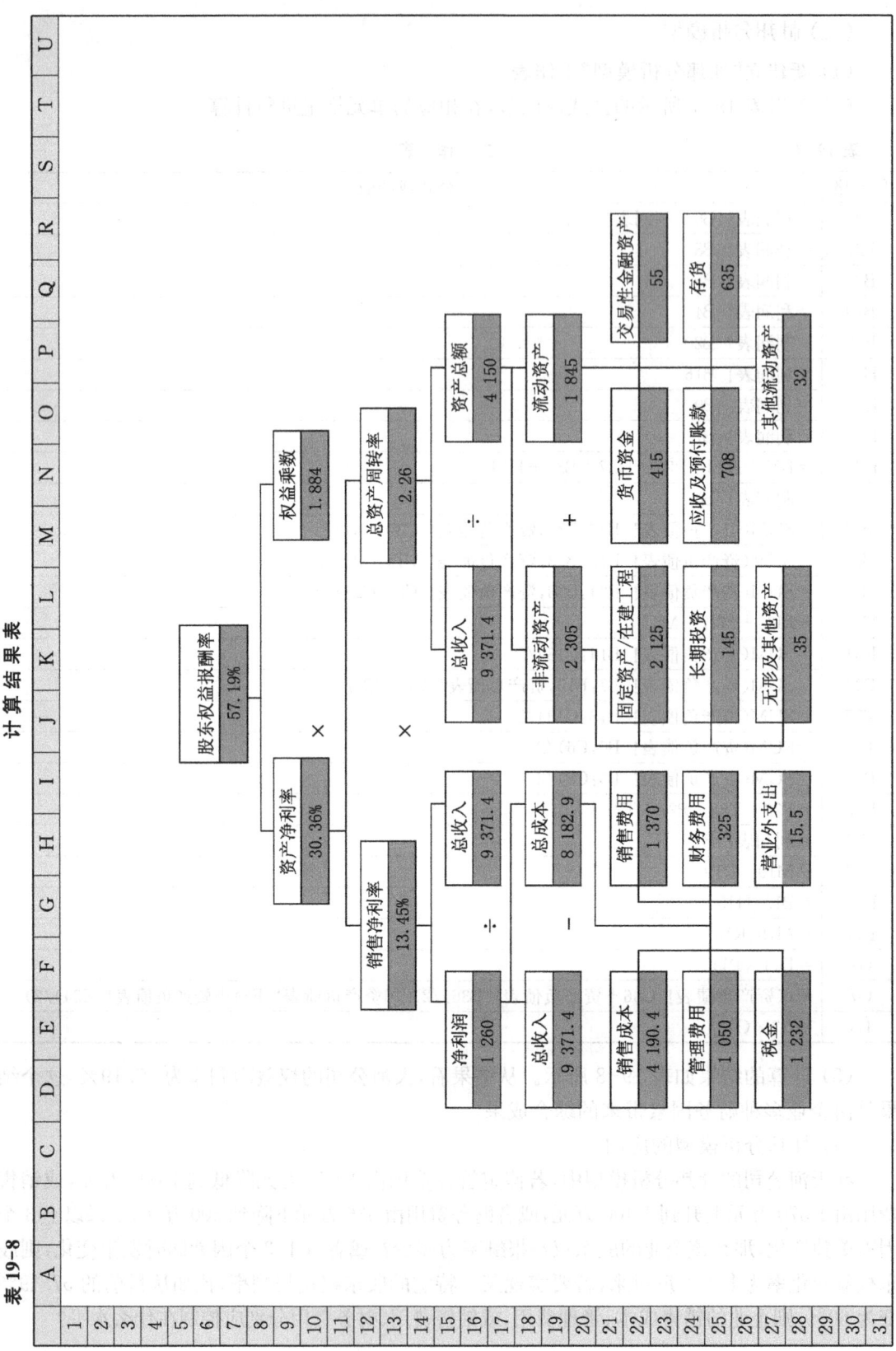

可以分别用两种方法来求解,对原因变动的假设分析,可以改变原来的一个或多个因素的已知数,观察股东权益报酬率单元格数值的变化情况;对结果变动的假设分析,可以通过单变量求解来逆向求出实现某一股东权益报酬率的各因素的变动值。

(三) 趋势分析图

(1) 新建"趋势分析图",并在相应的位置录入已知数。

(2) 参考表 19-9 所示的公式或函数,在相应的单元格里进行计算。

表 19-9　　　　　　　　　　　　工　作　表

单元格	公式或函数	单元格	公式或函数
B5:E5	{=B3:E3－B4:E4}	B7:E7	{=B5:E5－B6:E6}
B9:E9	{=B7:E7－B8:E8}		

(3) 计算的结果如表 19-10 所示。

表 19-10　　　　　　　　　　　　计　算　结　果　表

	A	B	C	D	E
1	利润表趋势分析				
2	项目	2012 年	2013 年	2014 年	2015 年
3	销售收入	400 000	568 000	689 000	708 000
4	销售成本	250 000	200 000	280 000	500 000
5	销售毛利	150 000	368 000	409 000	208 000
6	销售及管理费用	50 000	80 000	90 000	70 000
7	息税前盈余	100 000	288 000	319 000	138 000
8	利息支出	10 000	200 000	100 000	12 700
9	税前利润	90 000	88 000	219 000	125 300

(4) 选择数据区域 A3:E5,点【插入】菜单,选择【柱形图】,从二维柱形图中选择【簇状柱形图】,在加好的图形上点击横轴,右键,从弹出的菜单中选择【选择数据】,在【水平(分类)轴标签】处点【编辑】,重新选择 B2:E2 区域为横轴数据。单击确定。生成的图形如图 19-1 所示。

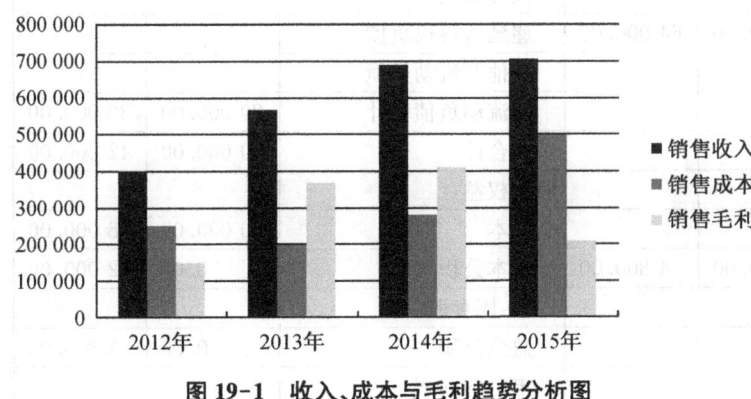

图 19-1　收入、成本与毛利趋势分析图

从图 19-1 中可以看出,企业的主营业务收入逐年增长,但销售毛利却在 2015 年下降,究其原因主要是因为主营业务成本在 2015 年上涨太快所致。

五、模拟实训与练习

资料：三江公司 2015 年财务报表的相关数据如表 19-11 至表 19-13 所示。假定公司普通股平均股数 10 000 股，普通股平均股价 6 元，每股股利 0.50 元，请用财务分析方法来评价企业财务状况。

表 19-11　　　　　　　2015 年 12 月 31 日三江公司资产负债表　　　　　　　单位：万元

资产	年初数	年末数	负债及所有者权益	年初数	年末数
流动资产：			流动负债		
货币资金	20 000.00	28 000.00	短期借款		
交易性金融资产	1 000.00	1 500.00	交易性金融负债		
应收票据			应付票据	41 000.00	45 800.00
应收账款	20 000.00	24 000.00	应付账款	20 000.00	7 000.00
预付账款			预收账款	10 000.00	5 000.00
应收利息			应付职工薪酬		
应收股利			应交税费		
其他应收款			应付利息	0.00	200.00
存货	15 000.00	20 000.00	应付股利		
1 年内到期非流动资产			1 年内到期的非流动负债		
其他流动资产			其他流动负债		
流动资产合计	56 000.00	73 500.00	流动负债合计	30 000.00	12 200.00
非流动资产：			非流动负债：		
可供出售金融资产			长期借款	20 000.00	30 000.00
持有至到期投资			应付债券		
长期应收款			长期应付款		
长期股权投资	20 000.00	19 500.00	专项应付款		
投资性房地产			预计负债		
固定资产	60 000.00	64 000.00	递延所得税负债		
在建工程			其他非流动负债		
工程物资			非流动负债合计	20 000.00	30 000.00
固定资产清理			负债合计	50 000.00	42 200.00
生产性生物资产			股东权益：		
有形资产			股本	50 000.00	68 000.00
无形资产	5 000.00	4 800.00	资本公积	0.00	2 000.00
开发支出			减：库存股		
商誉			盈余公积	0.00	3 800.00
长期待摊费用			未分配利润		
递延所得税资产			股东权益合计	50 000.00	73 800.00
非流动资产合计	85 000.00	88 300.00			
资产合计	141 000.00	161 800.00	负债及股东权益合计	141 000.00	161 800.00

表 19-12　　　　　　　　　　　2015年三江公司利润表　　　　　　　　　单位：万元

项目	本期金额	上期金额
一、营业收入	240 000.00	220 700.00
减：营业成本	150 000.00	140 000.00
营业税金及附加	10 000.00	8 000.00
销售费用	20 000.00	19 000.00
管理费用	25 000.00	18 800.00
财务费用	12 000.00	14 000.00
资产减值损失		
加：公允价值变动收益		
投资收益		
其中：对联营企业和合营企业的投资收益		
二、营业利润	23 000.00	20 900.00
加：营业外收入		
减：营业外支出	1 000.00	890.00
其中：非流动资产处置损失		
三、利润总额	22 000.00	20 010.00
减：所得税	5 500.00	5 002.50
四、净利润	16 500.00	15 007.50
五、每股收益		
（一）基本每股收益（元）		
（二）稀释每股收益（元）		

表 19-13　　　　　　　　　　　2015年三江公司现金流量表　　　　　　　　　单位：万元

经营活动产生的现金流量：		
提供服务收到的现金		15 000
购买用品支付的现金		−12 000
支付其他经营费用		0
经营活动现金流量小计		3 000
投资活动引起的现金流量：		
购买固定资产支付的现金：		−10 000
投资活动现金流量小计		−10 000
筹资活动产生的现金流量：		

(续表)

经营活动产生的现金流量：	
吸收投资收到的现金	20 000
分配利润支付的现金	−5 000
筹资活动产生的现金流量小计	15 000
现金净增加额	8 000
期初现金额	20 000
期末现金额	28 000

要求：根据三江公司 2015 年财务报表的相关数据：

(1) 计算并评价三江公司的偿债能力。
(2) 计算并评价三江公司的盈利能力。
(3) 计算并评价三江公司的营运能力。
(4) 计算并评价三江公司的发展能力。

实验二十 财务危机预警

财务危机是指企业由于发生刚性支付困难,破产的可能性已经存在。因此,财务危机如果不能及时解除,企业就要面临破产。一般情况下,企业财务危机的形成是一个逐步恶化的过程,如果企业能够采取预警措施,或许可以防范和化解破产风险。由于市场经济残酷性,所有的企业都能规避财务危机是不现实的,尤其是在经济金融危机爆发之后,市场经济的优胜劣汰法则将会使一些没有生存能力的企业迅速出局。对于即将破产出局的企业,企业管理当局应采取紧急措施寻求外来帮助,或者提出破产保护。

财务危机预警系统的作用在于,对财务困难的后果以及财务危机的后果有充分的预知,从而使企业管理当局及时做好财务危机的规避工作或启动破产保护的法律程序。

一、实验目的

掌握基于 EXCEL 工作表的综合模式财务预警模型的创建与应用。

二、实验原理

财务预警系统建立的关键是如何确定预警的指标和判断预警的警戒线。建立的方式有以下两种思路:

(一)"单变量"预警分析

"单变量"预警分析是通过单个财务比率的恶化程度来预测财务风险。对每一个财务失败企业的预测首先应找出一个参照物,即其所属行业中选择一个具有相同资产规模的成功企业,并比较预测对象与成功企业的以下几个比率:

$$债务保障率 = \frac{现金流量}{债务总额}$$

$$资产收益率 = \frac{净收益}{资产总额}$$

$$资产负债率 = \frac{负债总额}{资产总额}$$

$$资金安全率 = 资产变现率 - 资产负债率$$

$$资产变现率 = \frac{资产变现金额}{资产账面金额}$$

企业良好的现金流量、净收益和债务状况可以表现出企业长期的、稳定的发展态势,所以跟踪考察时,应对上述比率的变化趋势予以特别注意。当这些指标达到经营者设立的警戒值时,预警系统便发出警示,提醒经营者注意。企业的风险是各项目风险的整合,不同比率的变化趋势必然表示出企业风险的趋势,但单一模式没有区别不同比率因素对整体的作用,也不能很好地反映企业各比率正反交替变化的情况。一个比率变好,另一个比率变坏,便很难做出准确的预警。

(二)"多变量"预警分析

"多变量"预警分析是运用多种财务指标加权汇总产生的总判别值来预测财务风险,即建立一个多元线型函数模型,来综合反映企业风险。这种模式给企业一个定量的标准,从总体角度检查企业财务状况,有利于不同时期财务状况的比较。综合模式财务预警的思想由美国著名财务学教授奥特曼(Altman)最早在1968年研究提出的。Altman教授提出了预测公司财务状况的Z值模型,后于2000年对模型进行了修正。

(1) Altman教授最初提出的Z-Score模型数学表达式为:

$$Z = 1.2X_1 + 1.4X_2 + 3.3X_3 + 0.6X_4 + 0.995X_5$$

式中:Z——判别函数值。

$$X_1 = \frac{营运资金}{资产总额}$$

$$X_2 = \frac{留存收益}{资产总额}$$

$$X_3 = \frac{息税前利润}{资产总额}$$

$$X_4 = \frac{普通股和优先股市场价值总额}{负债账面价值总额}$$

$$X_5 = \frac{销售收入}{资产总额}$$

该模型是以5个财务比率,将反映企业偿债能力的指标(X_1,X_4)获利能力指标(X_2,X_3)和营运能力指标(X_5)有机联系起来,综合分析、预测企业风险。一般认为Z值大于2.675时,表明企业财务状况良好;当Z小于1.81时,表明企业财务状况堪忧;在2.675和1.81之间,说明企业财务状况不稳定。

(2) Altman教授于2000年修正后的模型为:

$$Z = 0.717X_1 + 0.847X_2 + 3.107X_3 + 0.420X_4 + 0.998X_5$$

式中:

$$X_1 = \frac{营运资本}{资产总额}$$

$$X_2 = \frac{留存收益}{资产总额}$$

$$X_3 = \frac{息税前利润}{资产总额}$$

$$X_4 = \frac{股东权益账面价值}{负债账面价值}$$

$$X_5 = \frac{营业收入}{资产总额}$$

采用这一模型,奥特曼研究了实际情况分别为破产和未破产的两组公司,两组公司数量均为33家,研究发现:破产组Z值平均数为0.15,未破产组Z值平均数为4.14。Z<1.21的公司均为破产公司,Z>2.90的公司均为未破产公司;而Z值在1.21~2.90之间有部分公司是破产公司、部分是未破产公司。用Z值预测破产公司的准确率为91%,预测未破产公司的准确率为97%。

根据修订后的模型,一般认为Z值大于2.90时,表明企业财务状况良好;当Z小于1.21时,表明企业财务状况堪忧;在1.21和2.90之间,说明企业财务状况不稳定。本实验拟采用Altman教授于2000年修正后的模型针对企业的财务状况进行风险分析、假设分析和究因分析。

风险分析是通过计算出Z值来判别企业当前财务状况的风险程度。假设分析是指从因素到结果的逻辑分析过程,即假设影响Z值的各个因素单独发生变化或同时发生变化时,分析企业财务风险的变化。究因分析是指从结果到原因的逻辑分析过程,即分析企业达到良好财务状况的临界状态时各个因素的变动值。

三、实验材料

已知天星公司2015年有关财务数据如表20-1所示。

表20-1　　　　　　　　　　　　相关财务数据表

项目	金额(元)	项目	金额(元)
营业收入	1 600	负债账面价值	1 800
息税前利润	180	股东权益账面价值	2 200
营运资本	600	资产总额	4 000
留存收益	200		

要求:进行风险分析、假设分析和原因探究分析。

四、实验步骤与实验结果

(一)风险分析:判别风险程度

(1)建立"Z值模型"工作表,并在表中输入已知数,如表20-2所示。

表20-2　　　　　　　　　　　　工　作　表

	A	B	C	D	E	F
1				Z值模型		
2				风险分析:判别风险程度		
3	项目	金额(元)	变量指标	指标公式	变量值	系数值
4	营业收入	1 500	X_1	营运资本/资产总额		0.717
5	息税前利润	200	X_2	留存收益/资产总额		0.847
6	资产总额	5 000	X_3	息税前利润/资产总额		3.107

(续表)

	A	B	C	D	E	F
7	营运资本	500	X_4	股东权益账面价值/负债总额		0.42
8	负债总额	2 000	X_5	营业收入/资产总额		0.998
9	留存收益	200	判别函数值Z			
10	股东权益账面价值	3 000	风险程度			

(2) 参考表 20-3 所示的公式或函数,在相关的单元格中进行计算。

表 20-3　　　　　　　工　作　表

单元格	公式或函数	单元格	公式或函数
E4	=B7/B6	E5	=B9/B6
E6	=B5/B6	E7	=B10/B8
E8	=B4/B6	E9	=SUMPRODUCT(E4:E8,F4:F8)
E10	=IF(E9>2.9,"无风险",IF(E9<1.21,"有风险","风险不确定"))		

(二) 假设分析:销售收入上升到 3 000 元时,风险程度是多少

(1) 建立"Z 值模型"的假设分析表,并在表中输入已知数,如表 20-4 所示。

表 20-4　　　　　　"Z 值模型"假设分析表

	A	B	C	D	E	F
12	假设分析:销售收入上升到 3 000 元,风险程度为多少?					
13	项目	金额(元)	变量指标	指标公式	变量值	系数值
14	营业收入		X_1	营运资本/资产总额		0.717
15	息税前利润	200	X_2	留存收益/资产总额		0.847
16	资产总额	5 000	X_3	息税前利润/资产总额		3.107
17	营运资本	500	X_4	股东权益账面价值/负债总额		0.42
18	负债总额	2 000	X_5	营业收入/资产总额		0.998
19	留存收益	200	判别函数值Z			
20	股东权益账面价值	3 000	风险程度			

(2) 参考表 20-5 所示的公式或函数,在相关的单元格中进行计算。在 B14 单元格中输入 3 000。

表 20-5　　　　　　　工　作　表

单元格	公式或函数	单元格	公式或函数
E14	=B17/B16	E15	=B19/B16
E16	=B15/B16	E17	=B20/B18
E18	=B14/B16	E19	=SUMPRODUCT(E14:E18,F14:F18)
E20	=IF(E19>2.9,"无风险",IF(E19<1.21,"有风险","风险不确定"))		

(三) 究因分析:达到良好状况时的临界状态时,销售收入是多少

复制表 20-2 的部分内容,建立新的究因分析表,并在营业收入金额一栏暂时空白。参考表 20-6 所示的公式或函数,求出相应单元格的值。点击【数据】主菜单,依次选择【模拟分析】、【单变量求解】,在弹出的对话框中,将【目标单元格】设置为 E29,【目标值】为 2.91,比无风险临界值 2.9 稍大一点,【可变单元格】选择 B24,确定返回。

表 20-6 工 作 表

单元格	公式或函数	单元格	公式或函数
E24	=B27/B26	E25	=B29/B26
E26	=B25/B26	E27	=B30/B28
E28	=B24/B26	E29	=SUMPRODUCT(E24:E28,F24:F28)
E30	=IF(E29>2.9,"无风险",IF(E29<1.21,"有风险","风险不确定"))		

3 种情况求出的结果如表 20-7 所示。

表 20-7 计算结果表

	A	B	C	D	E	F
1			Z 值模型			
2	风险分析:判别风险程度					
3	项目	金额(元)	变量指标	指标公式	变量值	系数值
4	营业收入	1 500	X_1	营运资本/资产总额	0.1	0.717
5	息税前利润	200	X_2	留存收益/资产总额	0.04	0.847
6	资产总额	5 000	X_3	息税前利润/资产总额	0.04	3.107
7	营运资本	500	X_4	股东权益账面价值/负债总额	1.50	0.42
8	负债总额	2 000	X_5	营业收入/资产总额	0.3	0.998
9	留存收益	200		判别函数值 Z	1.2	
10	股东权益账面价值	3 000		风险程度	有风险	
11						
12	假设分析:销售收入上升到 3 000 元,风险程度为多少?					
13	项目	金额(元)	变量指标	指标公式	变量值	系数值
14	营业收入	3 000	X_1	营运资本/资产总额	0.1	0.717
15	息税前利润	200	X_2	留存收益/资产总额	0.04	0.847
16	资产总额	5 000	X_3	息税前利润/资产总额	0.04	3.107
17	营运资本	500	X_4	股东权益账面价值/负债总额	1.50	0.42
18	负债总额	2 000	X_5	营业收入/资产总额	0.6	0.998
19	留存收益	200		判别函数值 Z	1.46	

(续表)

	A	B	C	D	E	F
20	股东权益账面价值	3 000		风险程度	风险不确定	
21						
22	究因分析:达到良好财务状况的临界状态时,销售收入为多少?					
23	项目	金额(元)	变量指标	指标公式	变量值	系数值
24	营业收入	10 271.24	X_1	营运资本/资产总额	0.1	0.717
25	息税前利润	200	X_2	留存收益/资产总额	0.04	0.847
26	资产总额	5 000	X_3	息税前利润/资产总额	0.04	3.107
27	营运资本	500	X_4	股东权益账面价值/负债总额	1.50	0.42
28	负债总额	2 000	X_5	营业收入/资产总额	2.05	0.998
29	留存收益	200		判别函数值 Z	2.91	
30	股东权益账面价值	3 000		风险程度	无风险	

结果分析:若想要企业财务无风险,营业收入必须达到 10 271.24 元。